SJPT

일본어 말하기 시험

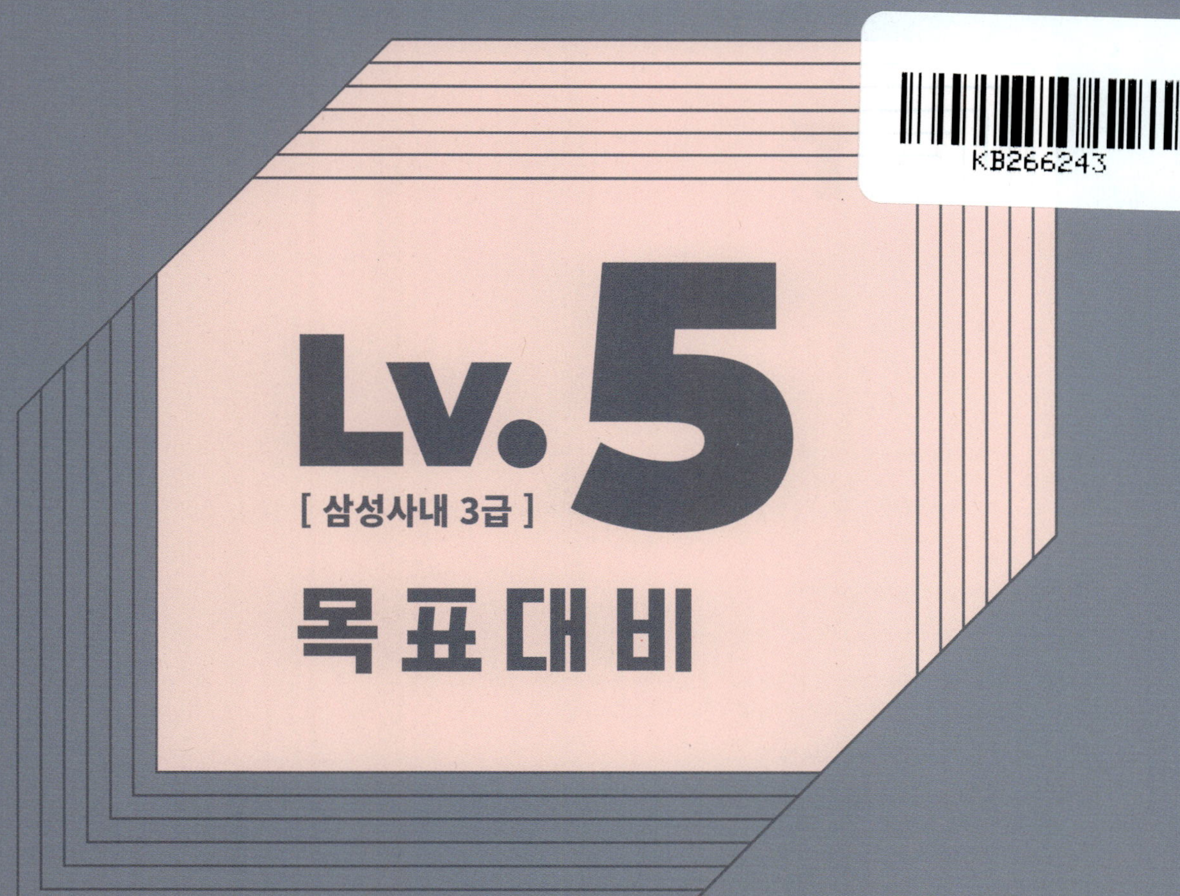

Lv. 5

[삼성사내 3급]

목표대비

파고다교육그룹 언어교육연구소 l 저

PAGODA Books

SJPT

Lv.5 목표대비

초판 1쇄 인쇄 2026년 4월 1일
초판 1쇄 발행 2026년 4월 1일

지 은 이 | 파고다교육그룹 언어교육연구소
펴 낸 이 | 박서진
펴 낸 곳 | **PAGODA Books** 파고다북스
출판등록 | 2005년 5월 27일 제 300-2005-90호
주　　소 | 06614 서울특별시 서초구 강남대로 419, 19층(서초동, 파고다타워)
전　　화 | (02) 6940-4070
팩　　스 | (02) 536-0660
홈페이지 | www.pagodabook.com

저작권자 | ⓒ 2026 파고다에스씨에스

ISBN 978-89-6281-111-7 (13730)

파고다북스　　　www.pagodabook.com
파고다 어학원　　www.pagoda21.com
파고다 인강　　　www.pagodastar.com
테스트 클리닉　　www.testclinic.com

낙장 및 파본은 구매처에서 교환해 드립니다.

📖 목차

1部

第1課 自己紹介
じ こ しょう かい
자기소개

답변 준비시간	없음	답변 시간	10초	문제	총 4문제
유형 파악	✔ 매번 같은 문제가 나오니까 미리 준비해 올 것!				

練習問題

🔊 問題 1

お名前は何とおっしゃいますか。 성함이 어떻게 되십니까?
（なまえ・なん）

解答例

キムと申します。よろしくお願いします。 김이라고 합니다. 잘 부탁합니다.
（もう・ねが）

練習問題

🔊 問題 2

どこに住んでいますか。 어디에 살고 계세요?
（す）

ソウルのカンナム区<ruby>に<rt>く</rt></ruby>住んでいます。とても賑やかなところです。

서울 강남구에 살고 있습니다. 매우 활기찬 곳입니다.

📖 練習問題

🔊 問題 3

誕生日はいつですか。 생일이 언제입니까?

✏️ 解答例

１９９６年7月２０日生まれです。 1996년 7월 20일생입니다.

📖 練習問題

🔊 問題 4

趣味は何ですか。 취미가 무엇입니까?

✏️ 解答例

趣味は映画を見ることです。映画館でよく映画を見ています。

취미는 영화를 보는 것입니다. 영화관에서 자주 영화를 봅니다.

거주지＋한 문장 (居住地＋一文)

» ブンダンに住んでいます。交通が便利なところです。

분당에 살고 있습니다. 교통이 편리한 곳입니다.

» スウォンに住んでいます。ソウルから近いところです。

수원에 살고 있습니다. 서울에서 가까운 곳입니다.

» キンポに住んでいます。キンポ空港の近くです。

김포에 살고 있습니다. 김포공항 근처입니다.

생일 (-년)

1950年　せんきゅうひゃくごじゅうねん

1960年　せんきゅうひゃくろくじゅうねん

1970年　せんきゅうひゃくななじゅうねん

1980年　せんきゅうひゃくはちじゅうねん

1990年　せんきゅうひゃくきゅうじゅうねん

2000年　にせんねん

1年　いちねん	2年　にねん	3年　さんねん	4年　よねん
5年　ごねん	6年　ろくねん	7年　ななねん	8年　はちねん
9年　きゅうねん			

생일 (-월)

1月　いちがつ	2月　にがつ	3月　さんがつ	4月　しがつ
5月　ごがつ	6月　ろくがつ	7月　しちがつ	8月　はちがつ
9月　くがつ	10月　じゅうがつ	11月　じゅういちがつ	12月　じゅうにがつ

생일 (-일)

1日　ついたち	2日　ふつか	3日　みっか	4日　よっか　　5日　いつか
6日　むいか	7日　なのか	8日　ようか	9日　ここのか　　10日　とおか

11日　じゅういちにち	12日　じゅうににち	13日　じゅうさんにち
14日　じゅうよっか	15日　じゅうごにち	16日　じゅうろくにち
17日　じゅうしちにち	18日　じゅうはちにち	19日　じゅうくにち
20日　はつか	21日　にじゅういちにち	22日　にじゅうににち
23日　にじゅうさんにち	24日　にじゅうよっか	25日　にじゅうごにち
26日　にじゅうろくにち	27日　にじゅうしちにち	28日　にじゅうはちにち
29日　にじゅうくにち	30日　さんじゅうにち	31日　さんじゅういちにち

취미＋한 문장（趣味＋一文）

» 料理を作ることです。週末によく料理をしています。

요리를 만드는 것입니다. 주말에 자주 요리를 합니다.

» 本を読むことです。小説をよく読んでいます。

책을 읽는 것입니다. 소설을 자주 읽습니다.

» 旅行に行くことです。毎年、旅行に行っています。

여행을 가는 것입니다. 매년 여행을 갑니다.

» 運動をすることです。毎日、運動をしています。

운동을 하는 것입니다. 매일 운동을 합니다.

» 音楽を聴くことです。色々な音楽を聴いています。

음악을 듣는 것입니다. 여러 가지 음악을 듣습니다.

» お酒を飲むことです。色んな種類のお酒を飲んでいます。

술을 마시는 것입니다. 여러 종류의 술을 마십니다.

» 山に登ることです。近所の山に登っています。

산에 오르는 것입니다. 근처 산에 오릅니다.

» ダンスをすることです。ケーポップダンスを踊っています。

춤을 추는 것입니다. 케이팝 댄스를 춥니다.

第2課 簡単な応答①

그림 보고 답하기①

답변 준비시간	3초	답변 시간	6초	문제	총 4문제
유형 파악	✔ 숫자, 형용사, 동사 등 짧은 시간에 정확하게 답하기!				

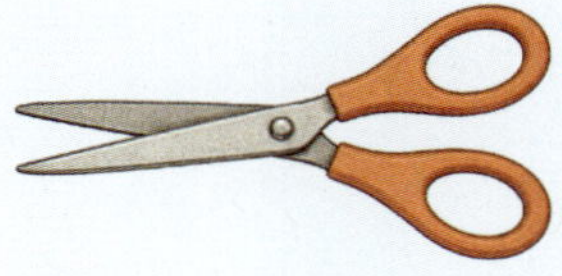 練習問題

🔊 問題 1

これは何ですか。

이것이 무엇입니까?

✏ 解答例

これははさみです。赤くて、大きいです。

이것은 가위입니다. 빨갛고 큽니다.

수식어（修飾語）

＜색＞

□ 赤(い)	□ 黒(い)	□ 白(い)	□ 青(い)	□ 黄色(い)	□ 茶色(い)	□ 緑	□ ベージュ
빨간	검은	하얀	파란	노란	갈색	초록	베이지

<모양>

□ 丸い	□ 三角	□ 四角(い)	□ 大きい	□ 小さい	□ 長い	□ 短い	□ 穴があいている
둥근	세모	네모난	큰	작은	긴	짧은	구명이 뚫려 있다

» ティーシャツが3枚あります。赤いシャツと、緑のシャツと黄色いシャツです。

티셔츠가 세 벌 있습니다. 빨간 셔츠와 초록 셔츠, 노란 셔츠입니다.

» 丸いテーブルの上にリンゴがふたつあります。

둥근 테이블 위에 사과가 두 개 있습니다.

관련 단어 1（関連単語1）

<사무 용품>

□ えんぴつ	□ ペン	□ シャーペン	□ 消しゴム	□ 定規	□ 筆箱	□ ホッチキス
연필	펜	샤프펜슬	지우개	자	필통	스테이플러

□ 万年筆	□ 付箋	□ クリップ	□ セロハンテープ	□ カッターナイフ	□ ノートパソコン
만년필	포스트잇	클립	셀로판테이프	커터칼	노트북

<과일>

□ りんご	□ いちご	□ メロン	□ もも	□ みかん	□ すいか	□ ぶどう	□ なし
사과	딸기	메론	복숭아	귤	수박	포도	배

□ オレンジ	□ パイナップル
오렌지	파인애플

<가방 내용물>

□ スマホ	□ ケータイ	□ 財布	□ メガネ	□ 時計	□ ハンカチ	□ ガム	□ あめ
스마트폰	핸드폰	지갑	안경	시계	손수건	껌	사탕

□ マスク	□ 傘	□ 現金	□ 水筒	□ クレジットカード	□ イヤホン	□ 鍵
마스크	우산	현금	물병	신용카드	이어폰	열쇠

» 筆箱とペンが2本あります。

필통과 펜이 두 자루 있습니다.

🔊 問題 2

大きいトマトはいくらですか。

큰 토마토는 얼마입니까?

✏️ 解答例

大きいトマトはふたつで４００円です。

큰 토마토는 두 개로 400엔입니다.

~엔입니다

1 いち	10 じゅう	100 ひゃく
2 に	20 にじゅう	200 にひゃく
3 さん	30 さんじゅう	300 さんびゃく
4 よ	40 よんじゅう	400 よんひゃく
5 ご	50 ごじゅう	500 ごひゃく
6 ろく	60 ろくじゅう	600 ろっぴゃく
7 なな	70 ななじゅう	700 ななひゃく
8 はち	80 はちじゅう	800 はっぴゃく
9 きゅう	90 きゅうじゅう	900 きゅうひゃく

1,000	せん	10,000	いちまん
2,000	にせん	20,000	にまん
3,000	さんぜん	30,000	さんまん
4,000	よんせん	40,000	よんまん
5,000	ごせん	50,000	ごまん
6,000	ろくせん	60,000	ろくまん
7,000	ななせん	70,000	ななまん
8,000	はっせん	80,000	はちまん
9,000	きゅうせん	90,000	きゅうまん

» **Q** 長いえんぴつはいくらですか。 긴 연필은 얼마입니까?

A 長いえんぴつは **１７０円**です。 긴 연필은 170엔입니다.

» **Q** 短い傘はいくらですか。 짧은 우산은 얼마입니까?

A 短い傘は **２９００円**です。 짧은 우산은 2900엔입니다.

練習問題

◀ 問題 3

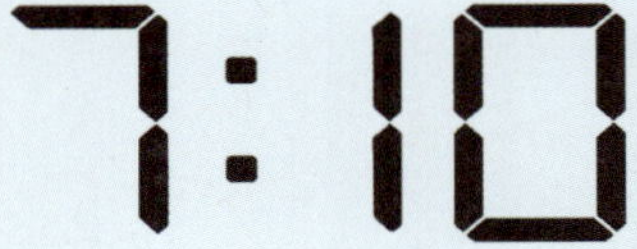

今、何時ですか。

지금 몇 시입니까?

解答例

今、**７時１０分**です。 지금 7시 10분입니다.

◀》 問題 4

車（くるま）は何台（なんだい）ありますか。

차는 몇 대 있습니까?

✎ 解答例

車（くるま）は**3台**（さんだい）あります。**赤**（あか）と**青**（あお）と**黄色**（きいろ）の車（くるま）です。 차는 세 대 있습니다. 빨간색과 파란색과 노란색 차입니다.

시간(時間)（じかん）

1時	いちじ	10分	じゅっぷん	1分	いっぷん
2時	にじ	20分	にじゅっぷん	2分	にふん
3時	さんじ	30分	さんじゅっぷん	3分	さんぷん
4時	よじ	40分	よんじゅっぷん	4分	よんぷん
5時	ごじ	50分	ごじゅっぷん	5分	ごふん
6時	ろくじ	60分	ろくじゅっぷん	6分	ろっぷん
7時	しちじ	＊＊＊		7分	ななふん
8時	はちじ	5分	ごふん	8分	はっぷん
9時	くじ	15分	じゅうごふん	9分	きゅうふん
10時	じゅうじ	25分	にじゅうごふん	＊＊＊	
11時	じゅういちじ	35分	さんじゅうごふん		
12時	じゅうにじ	45分	よんじゅうごふん		
		55分	ごじゅうごふん		

조수사（助数詞）

	〜枚 장・台 대	〜本 병・匹 마리・冊 권・階 층・回 번
1	いちまい・だい	いっぽん・ぴき・さつ・かい・かい
2	にまい・だい	にほん・ひき・さつ・かい・かい
3	さんまい・だい	さんぼん・びき・さつ・がい・かい
4	よんまい・だい	よんほん・ひき・さつ・かい・かい
5	ごまい・だい	ごほん・ひき・さつ・かい・かい
의문	何枚・台	何本・匹・冊・階・回

» **Q** 本は何冊ありますか。 책은 몇 권 있어요?

A 本は一冊あります。 책은 한 권 있어요.

» **Q** 猫は何匹いますか。 고양이는 몇 마리 있어요?

A 3匹います。 세 마리 있어요.

숫자（数字）

	〜歳 살	〜つ 기수(〜개)	〜人 명
1	いっさい	ひとつ	ひとり
2	にさい	ふたつ	ふたり
3	さんさい	みっつ	さんにん
4	よんさい	よっつ	よにん
5	ごさい	いつつ	ごにん
6	ろくさい	むっつ	ろくにん
7	ななさい	ななつ	ななにん・しちにん
8	はっさい	やっつ	はちにん
9	きゅうさい	ここのつ	きゅうにん
10	じゅっさい	とお	じゅうにん
의문	何歳	いくつ	何人

» **Q** いちごは**いくつ**ありますか。 딸기가 몇 개 있나요?

A **よっつ**あります。 네 개 있습니다.

<전화 번호>

012-3456-789

ゼロいちに**の**さんよんごろく**の**ななはちきゅう

관련 단어 2 （関連単語 2 ）

<생활 용품>

□ 歯ブラシ　□ 歯磨き粉　□ くし　□ 鏡　□ ドライヤー　□ 包丁　□ はし　□ フォーク

　칫솔　　　　치약　　　　빗　　거울　드라이어　　　칼　　　젓가락　　포크

□ 皿　□ コップ　□ 鍋　□ フライパン　□ 電子レンジ　□ 冷蔵庫

접시　　컵　　냄비　프라이팬　　전자레인지　　냉장고

□ 掃除機　□ ほうき　□ ゴミ箱　□ タオル　□ くつ　□ スニーカー　□ 長靴　□ うちわ

청소기　　빗자루　　쓰레기통　수건　신발　　운동화　　　장화　　부채

□ 扇風機　□ クーラー　□ エアコン　□ 写真立て　□ カレンダー　□ 花瓶

선풍기　　냉방기　　에어컨　　사진꽂이　　달력　　꽃병

<가구>

□ 机　□ テーブル　□ 椅子　□ 本棚　□ 棚　□ 引き出し　□ クローゼット　□ ベッド

책상　　테이블　　의자　책장　선반　서랍　　옷장　　침대

<직업>

□ 会社員　□ 公務員　□ 銀行員　□ 教師　□ 学生　□ 主婦　□ 医者　□ 弁護士

회사원　　공무원　　은행원　교사　학생　주부　의사　변호사

□ 看護師　□ 警察官　□ デザイナー　□ エンジニア　□ 客室乗務員

간호사　　경찰관　　디자이너　　엔지니어　　승무원

<장소, 가게>

□ 交番（こうばん）　□ ジム　□ パン屋（や）　□ 本屋（ほんや）　□ 郵便局（ゆうびんきょく）　□ 花屋（はなや）　□ 銀行（ぎんこう）　□ 教会（きょうかい）
파출소　헬스장　빵집　서점　우체국　꽃집　은행　교회

□ 学校（がっこう）　□ 空港（くうこう）　□ バス停（てい）　□ カフェ　□ デパート　□ 飲食店（いんしょくてん）　□ 病院（びょういん）　□ 事務室（じむしつ）
학교　공항　버스 정류장　카페　백화점　음식점　병원　사무실

□ 山（やま）　□ 海（うみ）　□ 駐車場（ちゅうしゃじょう）　□ 美容院（びよういん）　□ 博物館（はくぶつかん）　□ 美術館（びじゅつかん）　□ コンビニ
산　바다　주차장　미용실　박물관　미술관　편의점

□ 台所（だいどころ）・キッチン　□ トイレ・お手洗（てあら）い　□ リビング　□ 図書館（としょかん）　□ ゲームセンター
부엌·키친　화장실·세면실　거실　도서관　오락실

□ 改札口（かいさつぐち）　□ タクシー乗（の）り場（ば）
개찰구　택시 승강장

» 花瓶（かびん）はテーブルの上（うえ）にあります。横（よこ）に写真立（しゃしんた）てがあります。
꽃병은 테이블 위에 있습니다. 옆에 사진 액자가 있습니다.

» **Q** 警察官（けいさつかん）はどこにいますか。 경찰관은 어디에 있습니까?

A 交番（こうばん）のそばにいます。 파출소 옆에 있습니다.

第**3**課

簡単な応答②

그림 보고 답하기②

답변 준비시간	3초	답변 시간	6초	문제	총 4문제
유형 파악	✔ 숫자, 형용사, 동사 등 짧은 시간에 정확하게 답하기!				

🗒 練習問題

🔊 問題 1

子どもはどこにいますか。

아이는 어디에 있습니까?

✏️ 解答例

子どもは車の中にいます。シートベルトを締めています。

아이는 차 안에 있습니다. 안전벨트를 매고 있습니다.

위치（位置）

□ **上**	□ **下**	□ **右**	□ **左**	□ **中**	□ **外**	□ **横**	□ **となり**	□ **AとBの間**	□ **そば**
위	아래	오른쪽	왼쪽	안	밖	옆	옆	A와 B 사이	곁, 옆

» **Q** **お金はどこにありますか。** 돈은 어디에 있습니까?

A **お金はポケットの中にあります。** 돈은 주머니 안에 있습니다.

» **Q** 男の人はどこにいますか。 남자는 어디에 있습니까?

A 男の人は改札口の前にいます。 남자는 개찰구 앞에 있습니다.

» **Q** 自転車はどこにありますか。 자전거는 어디에 있습니까?

A 自転車はベンチの横にあります。 자전거는 벤치 옆에 있습니다.

» **Q** ケータイはどこにありますか。 핸드폰은 어디에 있습니까?

A ケータイは机の上にあります。 핸드폰은 책상 위에 있습니다.

인물 (人物)

☐ 男の人・男性	☐ 女の人・女性	☐ お年寄り	☐ おじいさん	☐ おばあさん
남자・남성	여자・여성	노인	할아버지	할머니
☐ おじさん	☐ おばさん	☐ 赤ちゃん	☐ 知らない人	☐ 通行人
아저씨	아주머니	아기	모르는 사람	통행인

🔊 練習問題

🔊 問題 2

 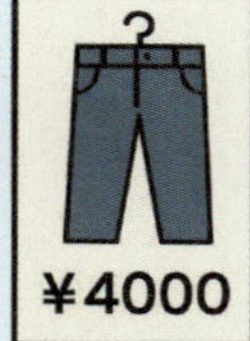

どちらの方が安いですか。

어느 쪽이 더 싸요?

🖊 解答例

ズボンの方が安いです。ズボンは4000円です。 바지가 더 쌉니다. 바지는 4000엔입니다.

🔊 問題 3

部屋はきれいですか。

방은 깨끗합니까?

✨ 解答例

いいえ、部屋はきれいじゃないです。汚い部屋です。

아니요, 깨끗하지 않습니다. 더러운 방입니다.

비교, 최상급 (比較、最上級)

» **Q** 東京と大阪とどちらが広いですか。 도쿄와 오사카 중 어느 쪽이 더 넓습니까?

A 大阪より東京の方が広いです。 오사카보다 도쿄가 더 넓습니다.

» **Q** この中で何が一番高いですか。 이 중에서 무엇이 가장 비쌉니까?

A コートが一番高いです。 코트가 가장 비쌉니다.

» **Q** この中で誰が一番髪が長いですか。 이 중에서 누가 머리카락이 가장 깁니까?

A イムさんが一番長いです。 임 씨가 가장 깁니다.

형용사 (形容詞)

□ 辛い⇔甘い　　□ 近い⇔遠い　　□ 熱い⇔冷たい　　□ 暑い⇔寒い

맵다 ⇔ 달다　　　가깝다 ⇔ 멀다　　뜨겁다 ⇔ 차갑다　　덥다 ⇔ 춥다

□ 短い⇔長い　　□ 高い⇔低い、安い　　□ 赤い　□ 青い　□ 黒い　□ 白い

짧다 ⇔ 길다　　　높다, 비싸다 ⇔ 낮다, 싸다　　빨갛다　파랗다　검다　　하얗다

□ 厚い⇔薄い　　□ 多い⇔少ない　　□ 新しい⇔古い　　□ 早い・速い⇔遅い

두껍다 ⇔ 얇다　　많다 ⇔ 적다　　　새롭다 ⇔ 오래되다　　시각이 이르다・속도가 빠르다 ⇔ 시각이 늦다, 속도가 느리다

□ 広い⇔狭い　　□ かわいい　　□ 重い⇔軽い　　□ 蒸し暑い　　□ 楽しい

넓다 ⇔ 좁다　　　귀엽다　　　무겁다 ⇔ 가볍다　　후덥지근하다　　즐겁다

□ 大人しい　　□ 暖かい　□ 温かい　　□ 涼しい

조용하다　　　따뜻하다　　따뜻하다, 온화하다　　시원하다

□ 弱い⇔強い　　□ 簡単だ⇔複雑だ　　□ やさしい⇔難しい　□ 大変だ　□ 楽だ

약하다 ⇔ 강하다　　간단하다 ⇔ 복잡하다　　쉽다 ⇔ 어렵다　　　힘들다　　편하다

□ 頑固だ　□ 元気だ　□ きれいだ⇔汚い　□ 賑やかだ⇔静かだ

완고하다　　활발하다　　깨끗하다 ⇔ 더럽다　　번화하다 ⇔ 조용하다

» **Q** 彼女は背が高いですか。 그녀는 키가 큽니까?

A いいえ、高くないです。低いです。 아니요, 키가 크지 않습니다. 작습니다.

🔊 問題 4

女の人は家を出てから何をしましたか。

여자는 집을 나오고 나서 무엇을 했습니까?

✨ 解答例

女の人は家を出てから自転車に乗りました。

여자는 집을 나오고 나서 자전거를 탔습니다.

🔊 問題 5

中に入ってもいいですか。

안에 들어가도 될까요?

いいえ、立ち入り禁止ですから、中に入ってはいけません。

아니요, 출입 금지이므로 안에 들어가면 안 됩니다.

て形(た形)

1G	ー く・ぐ ➡ いて(た)・いで(だ)　ー す ➡ して(た)　ー う・つ・る ➡ って(た) ー ぬ・ぶ・む ➡ んで(だ)　※行く ➡ 行って(た)
2G	ー る ➡ て(た)
3G	する ➡ して(た)　来る ➡ 来て(た)

» 歯を磨いてから、寝ます。

이를 닦고 나서 잡니다.

» テレビ番組を見た後で、宿題をします。

텔레비전 프로그램을 본 후에 숙제를 합니다.

» 準備運動をしてから、泳ぎます。

준비 운동을 하고 나서 수영합니다.

상태 (状態)

☐ ソウルに住んでいます

서울에 살고 있습니다

☐ 仕事で疲れています

일 때문에 피곤합니다

☐ 機械が壊れています

기계가 고장 나 있습니다

☐ 服が濡れています

옷이 젖어 있습니다

☐ 怒っています

화가 나 있습니다

☐ 車を持っています

차를 가지고 있습니다

☐ 天気を知っています⇔知りません

날씨를 알고 있습니다 ⇔ 모릅니다

☐ 結婚しています

결혼했습니다

☐ コート・ジャケット・シャツ・セーター・ワンピース・スーツを着ています

코트・자켓・셔츠・스웨터・원피스・정장을 입고 있습니다

□ ズボン・スカート・靴下・靴を 履いています

바지 · 치마 · 양말 · 신발을 신고 있습니다

□ マフラー・ベルト・マスク・ネックレス・時計・指輪を しています

목도리 · 벨트 · 마스크 · 목걸이 · 시계 · 반지를 하고 있습니다

□ ネクタイを 締めています　□ 帽子を かぶっています　□ カバンを 持っています

넥타이를 매고 있습니다　　모자를 쓰고 있습니다　　가방을 가지고 있습니다

여러 동사 (色々な動詞)

1 グループ

□ サインを 書いています

사인을 쓰고 있습니다

□ 切符を 買っています

표를 사고 있습니다

□ 書類を 読んでいます

서류를 읽고 있습니다

□ タバコを 吸っています

담배를 피우고 있습니다

□ 道を 歩いています

길을 걷고 있습니다

□ 写真を 撮っています

사진을 찍고 있습니다

□ 歯を 磨いています

이를 닦고 있습니다

□ 電気を 消しています

전기를 끄고 있습니다

□ プールで 泳いでいます

수영장에서 수영하고 있습니다

□ 家に 帰っています

집에 돌아가고 있습니다

□ 名前を 呼んでいます

이름을 부르고 있습니다

□ ピアノを 弾いています

피아노를 치고 있습니다

□ いすに 座っています

의자에 앉아 있습니다

□ 公園を 走っています

공원에서 달리고 있습니다

□ 手を 洗っています

손을 씻고 있습니다

□ 絵を 描いています

그림을 그리고 있습니다

□ 同僚と 話しています

동료와 이야기하고 있습니다

□ 電車の 中で 立っています

전철 안에서 서 있습니다

□ ガムを 噛んでいます

껌을 씹고 있습니다

□ 歌を 歌っています

노래를 부르고 있습니다

□ 踊りを 踊っています

춤을 추고 있습니다

□ 友達に 会っています

친구를 만나고 있습니다

□ パソコンを 使っています

컴퓨터를 사용하고 있습니다

□ 部屋に 入っています

방에 들어가 있습니다

2グループ

- □ ベッドで寝ています
  침대에서 자고 있습니다
- □ ごみを捨てています
  쓰레기를 버리고 있습니다
- □ 計画を立てています
  계획을 세우고 있습니다

- □ 窓を閉めています
  창문을 닫고 있습니다
- □ 電気をつけています
  전기를 켜고 있습니다
- □ 荷物を入れています
  짐을 넣고 있습니다

- □ バスを降りています
  버스에서 내리고 있습니다
- □ ペンを借りています
  펜을 빌리고 있습니다
- □ シャワーを浴びています
  샤워를 하고 있습니다

- □ ネットで調べています
  인터넷으로 조사하고 있습니다
- □ 友達に見せています
  친구에게 보여 주고 있습니다
- □ 買い物に出かけています
  쇼핑하러 나가고 있습니다

3グループ

- □ 案内をしています
  안내를 하고 있습니다
- □ 試験勉強をしています
  시험 공부를 하고 있습니다
- □ 台風が来ています
  태풍이 오고 있습니다

금지 표현 (禁止表現)

通話禁止 통화 금지

- □ ケータイを使ってはいけません
  휴대전화를 사용하면 안 됩니다
- □ ここで電話をかけてはいけません
  여기에서 전화를 걸면 안 됩니다

撮影禁止 촬영 금지

- □ 撮影してはいけません
  촬영하면 안 됩니다
- □ ここで写真を撮ってはいけません
  여기에서 사진을 찍으면 안 됩니다

飲食禁止 음식물 섭취 금지

- □ ここで食べてはいけません
  여기에서 음식을 먹으면 안 됩니다

禁煙 금연

- □ ここでタバコを吸ってはいけません
  여기에서 담배를 피우면 안 됩니다

第4課 敏速な応答①
대화 완성①

답변 준비시간	2초	답변 시간	15초	문제	총 5문제
유형 파악	✔ 문법은 신경 쓰지 말고, 바로 답할 수 있도록 해보자! ✔ 상황에 맞는 일본어를 사용하는 것(경어·반말)				

📑 練習問題

🔊 問題 1

ダイエットを始めようと思っているんです。

저, 다이어트를 시작하려고 생각하고 있어요.

✏️ 解答例

そうなんですか。今も十分健康に見えますからダイエットは必要ないと思いますが。無理せずゆっくりダイエットしてくださいね。応援しています。

그렇군요. 지금도 충분히 건강해 보이니까 다이어트는 필요 없을 것 같은데요. 무리하지 말고 천천히 다이어트하세요. 응원할게요.

» A：髪を切ったんです。 머리를 잘랐어요.

B：わあ～、素敵ですね。よく似合っていると思います。だいぶ雰囲気が変わりましたね。どこの美容院に行ったんですか。教えてください。

와~ 멋지네요. 잘 어울리는 것 같아요. 분위기가 많이 바뀌었네요. 어느 미용실에 가신 거예요? 알려주세요.

» A：キムさんが会社を辞めるそうですよ。 김 씨가 회사를 그만둔대요.

B：え？辞めるんですか。全然、知りませんでした。ムードメーカーのキムさんが 辞めてしまったら、寂しくなりそうですね。

네? 그만둔다고요? 전혀 몰랐어요. 분위기 메이커인 김 씨가 그만두면 허전할 것 같아요.

» A：日本旅行に行くことにしたんだ。 일본 여행을 가기로 했어.

B：いいなあ、旅行。ところで、日本のどこに行くの？行ってきたら、土産話を聞かせてね。

좋겠다, 여행. 그런데 일본 어디에 갈 거야? 다녀오면 여행 이야기를 들려줘.

» A：実は来月からアメリカに転勤することになったんです。

실은 다음 달부터 미국으로 전근 가게 되었어요.

B：本当ですか。それはすごいですね。おめでとうございます。新しい生活は大変だと思いますが、頑張ってくださいね。

정말인가요? 그건 대단하네요. 축하드려요. 새로운 생활은 힘들겠지만, 힘내세요.

못 하고, 하지 않고 （〜ずに）

» 昨日は挨拶もせずに帰ってしまってすみません。

어제는 인사도 못 하고 돌아가서 죄송합니다.

» 雨なのに、傘を持たずに来てしまいました。

비가 오는데도 우산을 안 가지고 와 버렸어요.

» 明日試験なので、今日は寝ずに勉強するつもりです。

내일 시험이라서, 오늘은 자지 않고 공부할 생각이에요.

🔊 問題 2

パソコンの調子が良くないんだ。

컴퓨터 상태가 좋지 않아.

✏️ 解答例

それは困ったね。パソコンがないと仕事ができないよね。急ぎなら、早く修理に出した方がいいよ。手伝おうか？

그거 곤란하네. 컴퓨터가 없으면 일을 할 수가 없잖아. 급하다면, 빨리 수리를 맡기는 게 좋겠어. 도와줄까?

🔊 問題 3

今日は少し寒いですね。

오늘은 조금 춥네요.

そうですね。今日は風も冷たくて、まるで冬みたいですね。一緒に温かいお茶でもどうですか。風邪を引かないように気をつけましょう。

그러게요. 오늘은 바람도 차갑고, 마치 겨울 같아요. 같이 따뜻한 차라도 한잔 어떠세요? 감기 걸리지 않도록 조심하세요.

조언 · 충고 · 제안 표현 (助言 · 忠告 · 提案表現)

» A：取引先とのことで少し悩んでいるんです。 거래처 문제로 조금 고민하고 있어요.

B：何かあったんですか。その問題は一人で考えずに、先輩や上司に相談してみたらどうですか。いいアドバイスをくれると思います。

무슨 일 있으세요? 그 문제는 혼자 고민하지 말고 선배나 상사에게 상담해 보는 게 어떠세요? 좋은 조언을 해 주실 거예요.

» A：熱があるんだけど、今日は出勤しようと思ってる。 열이 나는데, 오늘은 출근하려고 해.

B：無理をしない方がいいよ。最近、インフルエンザも流行ってるから、一度病院に行ってみて。

무리하지 않는 게 좋아. 최근에 인플루엔자도 유행하고 있으니까, 일단 병원에 가봐.

» A：なんだか仕事がうまくいかないんです。 왠지 일이 잘 안 풀려요.

B：本当ですか。それは辛いですね。仕事がうまくいかないと、落ち込みますよね。何も考えず、少し休んだ方がいいですよ。

정말요? 그거 괴롭겠네요. 일이 잘 안 풀리면 우울해지잖아요. 아무 생각 하지 말고 잠깐 쉬는 게 좋을 거예요.

공감 표현 (共感表現)

» A：一日中仕事で走り回って、疲れました。 하루 종일 일하느라 뛰어 다녀서 피곤해요.

B：それは疲れましたね。今日はゆっくり休んでください。

그거 힘들었겠네요. 오늘은 푹 쉬세요.

» A：夜道を歩いていたら、後ろから誰かがついてきたんです。

　　밤길을 걷는데 뒤에서 누군가 따라와서 정말 무서웠어요.

B：それは怖いですね。注意をした方がいいですよ。

　　그거 무섭겠네요. 조심하는 게 좋겠어요.

» A：財布を盗まれちゃった。　지갑을 도둑맞아 버렸어.

B：それは問題だね。警察に通報したらどう？

　　그거 문제네. 경찰에 신고하는 게 어때?

＊기타 자주 쓰는 표현　　すごい、うれしい、大変だ、素敵だ、残念だ、心配だ　など

　　대단하다, 기쁘다, 힘들다, 멋지다, 안타깝다, 걱정되다 등

🗐 練習問題

🔊 問題 4

土曜日、一緒に花見に行きませんか。

토요일에 같이 꽃구경 가지 않을래요?

✨ 解答例

わあ、いいですね。ぜひ行きましょう。天気がよかったらいいですね。今から楽しみです。何時に、どこで会いましょうか。

와, 정말 좋네요! 같이 가요. 날씨가 좋으면 좋겠어요. 지금부터 기대돼요. 몇 시에, 어디서 만날까요?

🔊 問題 5

おもしろそうな映画があるんですけど。一緒にどう
ですか。

재미있을 것 같은 영화가 있는데요. 같이 볼래요?

✏ 解答例

誘ってくれてありがとうございます。映画は好きなんですけど、最近忙しくて。来月なら時間が
たくさんあるので、よかったら次、誘ってください。

권유해 주셔서 감사합니다. 영화는 좋아하는데, 최근에 너무 바빠서요. 다음 달에는 시간이 많으니까, 괜찮으시면 다음에
다시 초대해 주세요.

승락・거절 표현 (承諾・断り表現)

» **Q** 食事に行かない？ 식사하러 가지 않으실래요?

A1 うん、行こう。ちょうどお腹が空いていたんだ。どこに行こうか？おいしいところ、知ってる？
응, 가자. 마침 배가 고팠어. 어디로 갈까? 맛있는 곳, 알고 있어?

A2 残念だけど、今から病院に行かなければならないんだ。今度絶対に食事に行こう。
아쉽지만, 지금 병원에 가야 해. 다음번에 꼭 식사하러 가자.

» **Q** よかったら、一緒に遊園地に行きませんか。 괜찮으시면, 같이 놀이공원에 가지 않으실래요?

A1 ぜひ行きたいです。遊園地は子どものとき以来行っていないので、今から楽しみです。
네, 꼭 가고 싶어요. 놀이공원은 어릴 때 이후로 안 가서, 지금부터 기대돼요.

A2 **すみません。その日はちょっと約束があって。残念ですが、また次の機会に行きましょう。**

죄송합니다. 그날은 약속이 좀 있어서요. 아쉽지만, 다음에 기회가 되면 가요.

» Q **みんなで温泉でも行きませんか。** 다 같이 온천이라도 가지 않으실래요?

A1 **温泉ですか。いいですね。みんなで温泉に入って疲れを取りたいですね。じゃあ、私がみんなに連絡をしてみましょうか。**

온천이요? 좋네요. 다 같이 온천에 가서 피로를 풀고 싶어요. 그럼 제가 모두에게 연락해 볼까요?

A2 **みんなで温泉、すごく楽しそうですね。行きたいんですけど、家族旅行の予定があって。私 抜きで行ってきてください。**

다 같이 온천이라니, 정말 재미있겠네요. 가고 싶은데, 가족 여행 계획이 있어서요. 저 빼고 다녀오세요.

조건 표현 （条件表現）

動詞 え段＋ば	ある → あれば　　着く → 着けば 話す → 話せば　　来る → 来れば
い形容詞 〜い＋ければ	安い → 安ければ　　難しい → 難しければ いい → よければ　　ない → なければ
な形容詞 〜だ＋なら	きれいだ → きれいなら　好きだ → 好きなら 上手だ → 上手なら　　元気だ → 元気なら
名詞 N＋なら	仕事なら　　　　週末なら

» Q **夏休みに海外旅行に行きませんか。** 여름방학에 해외여행 가지 않을래요?

A **休暇が取れれば、行けます。** 휴가를 낼 수 있으면 갈 수 있어요.

» Q **今夜一緒に食事でもどうですか。** 오늘 저녁에 같이 식사하는 건 어때요?

A **辛くない料理なら、うれしいです。** 맵지 않은 요리라면 좋아요.

» Ｑ 暇なら、一緒に買い物に行きませんか。 시간 있으면 같이 쇼핑하러 가지 않을래요?

　Ａ 午前なら、時間があります。 오전이라면 시간이 있어요.

» Ｑ 明日の会議に出てください。 내일 회의에 참석해 주세요.

　Ａ 10分遅れてもよければ、参加します。 10분 늦어도 괜찮다면 참석하겠습니다.

날씨 관련 단어와 표현（天気関連単語と表現）

□ 暑い　□ 寒い　□ 蒸し暑い　□ 肌寒い　□ 気温　□ 湿度　□ 最高気温　□ 熱中症
덥다　　춥다　　무덥다　　　쌀쌀하다　　기온　　습도　　최고 기온　　열사병

□ 晴れ・晴れる　□ 曇り・曇る　□ 雨が降る　□ 大雨　□ 小雨　□ 夕立　□ 雷 が鳴る
맑음・개다　　　흐림・흐리다　　비가 오다　　폭우　　이슬비　　소나기　　천둥이 치다

□ 風が吹く　□ 雪が降る　□ 台風が来る　□ 梅雨に入る　□ 冷える
바람이 불다　　눈이 오다　　태풍이 오다　　장마가 시작되다　　차가워지다

» Ａ：明日は、とても暑くなるみたいですよ。 내일은 아주 더워질 것 같아요.

　Ｂ：わあ、大変ですね！暑いのは苦手なので、心配です。冷たい飲み物を準備して熱中症に気

　　をつけましょう。

　　와, 큰일 났네요! 더운 건 질색이라 걱정이에요. 시원한 음료수를 준비해서, 열사병에 조심하도록 해요.

» Ａ：昨日の夜は、雷 がすごかったですね。 어젯밤에는 천둥이 대단했죠.

　Ｂ：ええ、本当ですね。私もびっくりして、なかなか寝られませんでした。今日は晴れてよか

　　ったですね。

　　네, 정말 그렇네요. 저도 깜짝 놀라서 좀처럼 잠을 못 잤어요. 오늘은 날씨가 맑아서 다행이에요.

» Ａ：今週の土曜日は、雨が降るらしいですよ。 이번주 토요일은 비가 온대요.

　Ｂ：それは残念です。土曜日は洗濯をしようと思っていたんです。傘を忘れないようにしないと

　　いけないですね。

　　그거 아쉽네요. 토요일은 세탁을 하려고 했거든요. 우산을 잊지 않도록 해야겠어요.

第5課　敏速な応答②
びん　そく　　おう　とう

대화 완성②

답변 준비시간	2초	답변 시간	15초	문제	총 5문제
유형 파악	✔ 문법은 신경 쓰지 말고, 바로 답할 수 있도록 해보자! ✔ 상황에 맞는 일본어를 사용하는 것(경어·반말)				

🔊 練習問題

🔊 問題 1

夏休みは何をしますか。
なつやす　　なに

여름방학에는 무엇을 할 거예요?

✨ 解答例

海の近くにあるホテルでのんびり過ごす予定です。毎日、泳いだり散歩したりして、仕事の疲れ
うみ　ちか　　　　　　　　　　　　　　　　す　よてい　　　まいにち　　およ　　　さんぽ　　　　　　しごと　つか
を取ろうと思っています。田中さんはもう計画を立てましたか。
と　　　おも　　　　　　　たなか　　　　　　　　けいかく　た

바닷가 근처에 있는 호텔에서 느긋하게 지낼 예정입니다. 매일 수영을 하거나 산책을 하면서, 일 때문에 쌓인 피로를 풀려고 합니다. 타나카 씨는 이미 계획을 세웠나요?

1グループ お段＋う	行く → 行こう　聞く → 聞こう 話す → 話そう　会う → 会おう
2グループ る＋よう	食べる → 食べよう　着る → 着よう 考える → 考えよう　忘れる → 忘れよう
3グループ	する → しよう　来る → 来よう

» **Q** 週末は何か予定がありますか。　주말에 어떤 계획이 있습니까?

A1 はい、予定があります。友達と最近公開された映画を見に行くつもりです。その後は友達と
おいしいものでも食べようと思っています。

네, 계획이 있습니다. 친구와 최근 개봉한 영화를 보러 갈 생각입니다. 그 후에는 친구와 맛있는 거라도 먹으려고 합니다.

A2 家族旅行に行く予定です。仕事や勉強で疲れているので、みんなで気分転換をするつもり
です。それから、久しぶりにスキーをしようと思っています。

겨울에는 가족 여행을 갈 예정입니다. 일이나 공부로 지쳐 있어서, 모두 함께 기분 전환을 할 생각입니다. 그리고 오
랜만에 스키도 해보려고 합니다.

» **Q** 仕事の後、何をしますか。　일 끝나고 무엇을 합니까?

A1 そうですね。仕事が終わったら、ジムに行くつもりです。少しでもいいから毎日するように
しているんです。キムさんは仕事が終わったら、何をしますか。

글쎄요. 일이 끝나면 헬스장에 갈 생각입니다. 조금이라도 좋으니까 매일 하려고 노력하고 있어요. 김 씨는 일이 끝
나면 무엇을 합니까?

A2 仕事の後は疲れを取りたいので早めに家に帰ります。その後はお風呂に入ろうと思っています。

일 끝나고는 피로를 풀고 싶어서 일찍 집에 돌아갑니다. 그 후에는 목욕을 하려고 합니다.

A3 今日は友達の誕生日なので、みんなで誕生日会をする予定です。最近、なかなかみんなで
集まれなかったので、楽しみにしているんです。

오늘은 친구 생일이라서, 모두 함께 생일 파티를 할 예정입니다. 요즘에는 다 같이 모이기 어려웠기 때문에 기대하
고 있어요.

🔊 問題 2

この近くに駅はありますか。

이 근처에 역이 있나요?

✨ 解答例

はい、ありますよ。この道をまっすぐ行って、二つ目の角を右に曲がってください。そして３分ぐらいずっと歩くと、駅が見えますよ。近くにデパートもあります。

네, 있어요. 이 길을 곧장 가다가 두 번째 모퉁이에서 오른쪽으로 꺾어 주세요. 그리고 약 3분 정도 쭉 걸으면 역이 보일 거예요. 근처에 백화점도 있습니다.

問題 3

そのメガネ、似合（にあ）っていますね。

그 안경, 잘 어울리네요.

解答例

そうですか。そう言（い）われると嬉（うれ）しいです。買（か）ったばかりのメガネなんですが、実（じつ）は自分（じぶん）ではあまり似合（にあ）っていないと思（おも）っていたので、褒（ほ）められて嬉（うれ）しいです。

그렇군요. 그렇게 말해 주시니 기쁘네요. 방금 산 안경인데, 사실 제 자신은 별로 어울리지 않는다고 생각했어서 칭찬해 주셔서 기쁩니다.

□ まっすぐ行く　□ ずっと行く　□ 曲がる　□ 渡る　□ 一つ目　□ 二つ目　□ 三つ目

곧장 가다　　　쭉 가다　　　돌다　　건너다　첫 번째　　두 번째　　세 번째

□ 交差点　□ 横断歩道　□ 信号　□ 突き当り　□ 角　□ 向かい

교차로　　횡단보도　　신호등　막다른 길　모퉁이　맞은편

» **Q** この辺りに交番がありますか。 이 근처에 경찰서가 있습니까?

A はい、ありますよ。この道をまっすぐ行くと、左に交番が見えます。ちょっとわかりにくい場所にあるので、一緒に行きましょうか。

네, 있어요. 이 길을 쭉 가면 왼쪽에 경찰서가 보여요. 조금 찾기 어려운 위치에 있으니, 같이 가드릴까요?

» **Q** 一番近い薬局を教えてもらえませんか。 가장 가까운 약국을 알려주실 수 있나요?

A この道をずっと行ってください。そして、一つ目の交差点を右に曲がって、少し歩くと薬局が見えますよ。大きい建物なので、すぐわかると思います。

이 길을 쭉 가세요. 그리고 첫 번째 교차로에서 오른쪽으로 돌고, 조금 걸으면 약국이 보여요. 큰 건물이어서 금방 찾을 수 있을 거예요.

그렇게 말해 주시니 ~네요. (そう言われると、~ます・です。)

» **Q** 部屋がきれいですね。 방이 깨끗하네요.

A 本当ですか。そう言われると、気分がいいです。

정말요? 그렇게 말해 주시니 기분이 좋네요.

» **Q** その髪型いいですね。 그 헤어스타일 멋지네요.

A そう言われると、はずかしいですね。

그렇게 말해 주시니 부끄럽네요.

» **Q** 料理、おいしかったです。 요리 맛있었어요.

A そう言われると、自信がつきます。

그렇게 말해 주시니 자신감이 생기네요.

🔊 問題 4

これ、借<ruby>か</ruby>りてもいい？

이거 빌려도 돼?

✨ 解答例

うん。もちろん使<ruby>つか</ruby>ってもいいよ。遠慮<ruby>えんりょ</ruby>しないで、使<ruby>つか</ruby>って。もし使<ruby>つか</ruby>い方<ruby>ほう</ruby>がわからなかったら、教<ruby>おし</ruby>えるから、そのときは話<ruby>はな</ruby>してね。

응, 물론 써도 돼. 사양하지 말고 써. 혹시 사용 방법을 모르겠으면 알려줄 테니까, 그때는 말해 줘.

🔊 問題 5

禁煙室にしますか。喫煙室にしますか。

금연실로 할까요, 흡연실로 할까요?

✏️ **解答例**

禁煙室でお願いします。タバコも吸わないですし、タバコの匂いも苦手ですので。それから、できれば、海が見える部屋だと嬉しいんですが、空いていますか。

금연실로 부탁드립니다. 담배도 피우지 않고, 담배 냄새도 잘 못 맡아서요. 그리고 가능하다면 바다가 보이는 방이면 좋겠는데, 비어 있나요?

물론 ~하셔도 됩니다. （もちろん〜てもいいです。）

» **Q** ここに座ってもいいですか。 여기에 앉아도 될까요?

A もちろん座ってもいいですよ。この席は空いている席なので、遠慮しないで座ってくださ
い。

물론 앉으셔도 됩니다. 이 자리는 비어 있는 자리이니, 부담 갖지 말고 앉으세요.

» **Q** 見させてもらってもいいですか。 봐도 될까요?

A もちろん見てもいいですよ。遠慮しないで、自由に見てください。何か質問があれば何でも
聞いてくださいね。

물론 보셔도 됩니다. 부담 갖지 말고 자유롭게 보세요. 질문이 있으면 무엇이든 물어보세요.

~로 부탁합니다. ~이기 때문에 （〜でお願いします。〜ので）

» **Q** 部屋はダブルルームとツインルームとどちらにされますか。
방은 더블룸과 트윈룸 중 어느 쪽으로 하시겠어요?

A できれば、ダブルでお願いします。一人で泊まるんですが、広いベッドでゆっくり休みたい
ので。景色が見える部屋ならもっと嬉しいです。

가능하면 더블로 부탁드립니다. 혼자 묵게 되지만, 넓은 침대에서 편히 쉬고 싶어서요. 경치를 볼 수 있는 방이라면
더 기쁠 것 같습니다.

» **Q** お支払いはカードですか。現金ですか。 결제는 카드로 하시겠어요, 현금으로 하시겠어요?

A カードでお願いします。ポイントを貯めたいので。それから、以前来たときにもらったクー
ポンを使ってもいいですか。これがクーポンです。

카드로 부탁드립니다. 포인트를 모으고 싶어서요. 그리고 전에 왔을 때 받은 쿠폰을 사용해도 될까요? 이게 쿠폰입
니다.

第6課 短い応答①

일상 화제에 대해 설명①

답변 준비시간	15초	답변 시간	25초	문제	총 5문제
유형 파악	✔ 우선 요지를 말한 후에 부연 설명을 덧붙이기!				

練習問題

◀) 問題 1

人前で話すことが得意ですか。簡単に説明してください。

사람들 앞에서 말하는 것을 잘하나요? 간단히 설명해 주세요.

解答例

私は人前で話すことが得意です。学生のときからよく発表やスピーチをしてきたからです。人の前で話しても、あまり緊張しません。話すときに意識していることは、わかりやすく話すことと、相手の反応を見ることと、それから少しユーモアを入れることです。このような工夫をしながら話しています。

저는 사람들 앞에서 이야기하는 것을 잘합니다. 학생 때부터 자주 발표나 스피치를 해왔기 때문입니다. 사람들 앞에서 이야기해도 크게 긴장하지 않습니다. 이야기할 때 의식하고 있는 것은, 이해하기 쉽게 말하는 것, 상대방의 반응을 살피는 것, 그리고 약간의 유머를 섞는 것입니다. 이러한 방법을 활용하면서 이야기하고 있습니다.

능력 표현 (得意だ・苦手だ・上手だ・下手だ)

» **Q** 機械を扱うこと**が得意です**か。 기계 다루는 거 잘하세요?

A いいえ、私は機械を扱うのが**苦手です**。でも、最近はスマホやパソコンをよく使うので、

少しずつ慣れてきました。ゆっくり覚えようと思っています。

아니요, 저는 기계 다루는 것이 서툽니다. 하지만 요즘은 스마트폰이나 컴퓨터를 자주 사용해서 조금씩 익숙해지고

있습니다. 천천히 배우려고 생각하고 있습니다.

» 部屋を片付けるの**が上手な方だ**と思います。小さいころから整理するのが好きで、使ったもの

はすぐに元の場所に戻します。部屋がきれいだと気分もすっきりします。

저는 방 정리하는 것을 잘하는 편이라고 생각합니다. 어릴 때부터 정리하는 것을 좋아했고, 사용한 것은 바로 제자리에

돌려놓습니다. 방이 깨끗하면 기분도 상쾌해집니다.

» 計画を立てるの**が下手です**。計画を立てても、途中で変えてしまうことが多いです。気分で行

動することが多いので、いつも反省しています。

계획을 세우는 것은 서툽니다. 계획을 세워도 도중에 바꾸는 경우가 많습니다. 기분대로 행동하는 경우가 많아서 항상

반성하고 있습니다.

가능 표현 (可能表現)

1グループ え段＋る	行く → 行ける	泳ぐ → 泳げる
	話す → 話せる	会う → 会える
2グループ る＋られる	食べる → 食べられる	寝る → 寝られる
	見る → 見られる	覚える → 覚えられる
3グループ	する → できる	来る → 来られる

» 次の試合は必ず**勝てる**と思います。 다음 경기는 반드시 이길 수 있을 것이라고 생각합니다.

» 嫌なことがあっても、寝れば**忘れられます**。 싫은 일이 있어도, 자면 잊을 수 있습니다.

🔊 問題 2

住むならマンションに住みたいですか。一軒家に住みたいですか。簡単に説明してください。

살게 된다면 아파트에 살고 싶나요, 아니면 단독주택에 살고 싶나요? 간단히 설명해 주세요.

✏️ 解答例

私が住むなら、一軒家よりマンションの方に住みたいです。なぜなら一軒家だと庭の管理が大変だし、警備してくれる人もいないからです。マンションだと交通が便利なところにあるし、近くに駅やスーパーもあるし、それに比較的安全なので安心して生活できると思います。

제가 산다면, 단독주택보다는 아파트에 살고 싶습니다. 그 이유는 단독주택은 정원 관리가 번거롭고, 경비원도 없기 때문입니다. 아파트는 교통이 편리한 곳에 위치해 있고, 가까이에 역이나 슈퍼마켓도 있으며, 게다가 비교적 안전해서 안심하고 생활할 수 있다고 생각합니다.

» **Q** 買い物はオンラインとオフラインとどちらが好きですか。

쇼핑은 온라인과 오프라인 중 어느 쪽을 좋아하나요?

A 私はオンラインの方が好きです。なぜなら商品の種類も多いし、値段も比べられるし、時間の節約にもなるから好きです。

저는 온라인을 좋아합니다. 그 이유는 상품 종류도 많고, 가격도 비교할 수 있으며, 시간 절약도 되기 때문에 좋습니다.

» **Q** 国内旅行と海外旅行とどちらに行きたいですか。 국내 여행과 해외 여행 중 어디로 가고 싶나요?

A 海外旅行の方が好きです。なぜなら珍しいものも食べられるし、新しい経験もできるし、その国の文化も理解できるので海外旅行に行きたいです。

저는 해외 여행을 좋아합니다. 그 이유는 특별한 음식도 먹을 수 있고, 새로운 경험도 할 수 있으며, 그 나라의 문화도 이해할 수 있기 때문에 해외 여행을 가고 싶습니다.

» **Q** 都会と田舎とどちらに住みたいですか。 도시와 시골 중 어디에 살고 싶나요?

A 私は都会より田舎の方に住みたいです。田舎の静かなところが魅力だと思うからです。うるさい場所にいると疲れるし、頭も痛くなるし、ストレスもたまります。

저는 도시보다 시골에 살고 싶습니다. 시골의 조용한 점이 매력적이라고 생각하기 때문입니다. 시끄러운 곳에 있으면 피곤하고, 머리도 아프고, 스트레스도 쌓입니다.

» **Q** 読書のメリットは何だと思いますか。 독서의 장점은 무엇이라고 생각하나요?

A 読書のメリットは知識が増えるところだと思います。それから想像力も高められると思います。

독서의 장점은 지식이 늘어난다는 점이라고 생각합니다. 그리고 상상력도 높일 수 있다고 생각합니다.

» **Q** 電気自動車のデメリットは何だと考えますか。 전기자동차의 단점은 무엇이라고 생각하나요?

A 良くないところは値段が高いところだと考えます。もちろん、環境にやさしいところはメリットですが、買いやすい値段じゃないと思います。

좋지 않은 점은 가격이 비싸다는 점이라고 생각합니다. 물론 환경에 친숙하다는 점은 장점이지만, 쉽게 살 수 있는 가격은 아니라고 생각합니다.

問題 3

あなたは友達とケンカをしたことがありますか。簡単に説明してください。

당신은 친구와 싸운 적이 있나요? 간단히 설명해 주세요.

解答例

はい、もちろん友達とケンカをしたことがあります。学生時代にはときどき友達と意見が合わなくてケンカをしました。でも、すぐに仲直りをしたので大きいケンカにはなりませんでした。今はもしお互いに意見が違っても、ちゃんと話をして解決するようにしています。

네, 물론 친구와 싸운 적이 있습니다. 학생 시절에는 가끔 친구들과 의견이 맞지 않아 싸우기도 했습니다. 하지만 금방 화해를 했기 때문에 큰 싸움으로 번지지는 않았습니다. 지금은 서로 의견이 달라도, 제대로 이야기를 나누어 해결하려고 하고 있습니다.

» **Q** 一人暮らしをした**ことがありますか**。 혼자 살아본 적이 있나요?

A はい、**したことがあります**。学生時代、家から大学まで遠かったので 一人暮らしをしてい

ました。一人暮らしをしながら一番つらかった経験は、風邪を引いたときでした。そのと

き、体調管理が大事だと実感しました。

네, 해본 적이 있습니다. 학생 시절, 집에서 대학까지 거리가 멀어서 혼자 살았었습니다. 혼자 살면서 가장 힘들었던

경험은 감기에 걸렸을 때였습니다. 그때, 건강 관리가 중요하다는 것을 실감했습니다.

» **Q** 宝くじに当たっ**たことがありますか**。 복권에 당첨된 적이 있나요?

A いいえ、**一度も当たったことがありません**。たまに買うことはありますが、いつも外れてし

まいます。でも、もし当たったら両親に何かプレゼントをしたいですね。

아니요, 한번도 당첨된 적이 없습니다. 가끔 복권을 사기는 하지만, 항상 떨어집니다. 그래도 만약 당첨된다면 부모

님께 뭔가 선물을 해 드리고 싶습니다.

» **Q** 交通事故に遭ったことがありますか。 교통사고를 당한 적이 있나요?

A 5年前、交通事故に遭ったことがあります。大きい事故じゃなかったですが、そのときから

車には気をつける**ようにしています**。そして、自分が運転をするときも安全運転をするよ

うに心がけています。

5년 전, 교통사고를 당한 적이 있습니다. 큰 사고는 아니었지만, 그때부터 차를 탈 때 조심하도록 하고 있습니다. 그

리고 제가 운전할 때도 안전운전을 하도록 신경 쓰고 있습니다.

» 大事なことは忘れないように、メモを取る**ようにしています**。

중요한 것은 잊지 않도록, 메모를 하도록 하고 있습니다.

» 空港には早く着く**ようにしています**。飛行機に乗り遅れると大変なので。

공항에는 일찍 도착하도록 하고 있습니다. 비행기를 놓치면 큰일 나기 때문입니다.

第7課 短い応答②
일상 화제에 대해 설명②

답변 준비시간	15초	답변 시간	25초	문제	총 5문제
유형 파악	✔ 우선 요지를 말한 후에 부연 설명을 덧붙이기!				

練習問題

🔊 問題 1

財布をすられたことがありますか。 簡単に説明してください。

지갑을 소매치기당한 적이 있습니까? 간단하게 설명해 주세요.

解答例

はい、一度だけあります。3年前、海外旅行に行ったんですが、観光地で財布をすられました。大事にしていた財布だったので、とてもショックでした。すぐに警察に届けましたが結局見つかりませんでした。その経験から、今は人が多いところではバッグを前に持つようにしています。

네, 한 번 있었습니다. 3년 전, 해외여행을 갔는데 관광지에서 지갑을 도둑맞았습니다. 소중히 여기던 지갑이어서 매우 충격적이었습니다. 바로 경찰에 신고했지만 결국 찾지 못했습니다. 그 경험으로, 지금은 사람이 많은 곳에서는 가방을 앞으로 들고 다니도록 하고 있습니다.

수동형（受身形）

1グループ あ段＋れる	話す → 話される　踏む → 踏まれる　摺る → すられる 飲む → 飲まれる　叱る → 叱られる　言う → 言われる
2グループ る＋られる	食べる → 食べられる　ほめる → ほめられる 見る → 見られる　着る → 着られる
3グループ	する → される　来る → 来られる

» 泥棒にカバンを盗まれました。 도둑에게 가방을 도둑맞았습니다.

» 最近、誰かに感謝されたことがありますか。 최근에 누군가에게 감사 받은 적이 있어요?

» 人に助けられたことがあるので、困っている人を見たら助けたくなります。

사람에게 도움을 받은 적이 있어서, 곤란해하는 사람을 보면 도와주고 싶어집니다.

사고 관련 단어（事故関連単語）

□ 事件が起こる／事件を解決する／事件を捜査する 사건이 일어나다 / 사건을 해결하다 / 사건을 수사하다

□ 事故が起きる／事故に遭う／事故を避ける 사고가 나다 / 사고를 당하다 / 사고를 피하다

□ ケンカをする、仲直りをする、謝る 싸우다 (다투다), 화해하다, 사과하다

□ 被害・詐欺に遭う 피해·사기를 당하다

□ 迷惑をかける／迷惑をかけられる／迷惑になる 폐를 끼치다 / 피해를 입다 / 폐가 되다

□ ぶつかる　□ 違反する　□ 警察に届ける　□ スリにすられる　□ 騙される

부딪치다　　　위반하다　　　경찰에 신고하다　　　소매치기 당하다　　　속다

» 救急車が止まっているので、大きい事故が起こったようです。

구급차가 서 있으니 보니 큰 사고가 난 것 같습니다.

🔊 問題 2

もしあなたの性格を変えられるなら、どんな人になりたいですか。簡単に説明
してください。

만약 당신의 성격을 바꿀 수 있다면, 어떤 사람이 되고 싶나요? 간단히 설명해 주세요.

✏️ 解答例

性格を変えられる**なら**、もっと積極的な人になりたいです。なぜなら私は少し人見知りなの
で、初めて会った人と話すときに緊張してしまうからです。でも、もし自分から話しかけられる
ようになっ**たら**、もっと友達も増えるし、新しいことに挑戦できると思います。

성격을 바꿀 수 있다면, 좀 더 적극적인 사람이 되고 싶습니다. 그 이유는 저는 조금 낯을 가리는 편이라, 처음 만난 사람과
이야기할 때 긴장하기 때문입니다. 하지만 만약 제가 먼저 말을 걸 수 있게 된다면, 친구도 더 많이 사귈 수 있고, 새로운
일에 도전할 수 있을 것이라고 생각합니다.

가정, 조건 표현 (〜たら、〜なら)

<〜たら>

» もしもタイムマシーンがあっ**たら**、未来に行きたいです。

만약 타임머신이 있다면, 미래에 가고 싶습니다.

» 仕事が難しかっ**たら**、先輩に教えてもらいます。 일이 어렵다면, 선배에게 가르침을 받습니다.

» もしお金が必要だっ**たら**、副業をします。 돈이 필요하다면, 부업을 하겠습니다.

» 有名人だったら、プライバシーがなくなると思います。 유명인이면, 사생활이 없어질 것 같아요.

<〜なら>

» コンビニ行く**なら**、ちょっとアイス買ってきて。 편의점에 갈 거라면, 아이스크림 좀 사 와 줘.

» 高い**なら**、買わないで我慢します。 비싸다면, 사지 않고 참을게요.

» 暇**なら**、一緒にどうですか。 시간 있으면, 같이 할래요?

» 旅行**なら**、北ヨーロッパに行きたいです。 여행이라면, 북유럽에 가고 싶어요.

» **Q** もし突然、大雨が降っ**たら**どうしますが。 만약 갑자기 큰 비가 내리면, 어떻게 할 거예요?

» **A** もし突然、大雨が降っ**たら**、外に出るのをやめます。なぜなら、服も濡れるし、道も滑りや

すくなって危ないからです。約束があっ**ても**、キャンセルして家にいると思います。

만약 갑자기 큰 비가 내리면, 밖에 나가지 않을 거예요. 왜냐하면 옷도 젖고, 길도 미끄럽고 위험하기 때문이에요.

약속이 있어도 취소하고 집에 있을 것 같아요.

» **Q** もし新しい趣味を始める**なら**、何をしたいですか。

만약 새로운 취미를 시작한다면, 무엇을 하고 싶어요?

A もし新しい趣味を始める**なら**、私は料理がしたいです。毎日少しずつ新しいレシピを試

して、家族や友達に食べてもらいたいです。

만약 새로운 취미를 시작한다면, 저는 요리를 하고 싶어요. 매일 조금씩 새로운 레시피를 시도해서 가족이나 친구들

에게 먹여 주고 싶어요.

🔊 問題 3

あなたが毎日、必ずすることは何ですか。簡単に説明してください。

당신이 매일 반드시 하는 일은 무엇인가요? 간단히 설명해 주세요.

✏️ 解答例

私が毎日必ずすることは、朝のジョギングです。朝起きてから、３０分ぐらい走っています。ジョギングをすると目も覚めるし、健康も維持できるし、気分もよくなります。それに、外に出て新鮮な空気を吸うと、頭がすっきりして仕事に集中しやすくなります。

제가 매일 반드시 하는 일은 아침 조깅입니다. 아침에 일어나서 약 30분 정도 달리고 있습니다. 조깅을 하면 잠도 깨고, 건강도 유지할 수 있으며, 기분도 좋아집니다. 게다가 밖에 나가 신선한 공기를 마시면 머리가 맑아져서 일에 집중하기도 쉬워집니다.

변화 표현(～ようになる、くなる、になる)

» 健康について、考えるようになりました。 건강에 대해 생각하게 되었습니다.

» 物価が上がって食費も高くなりました。 물가가 올라서 식비도 비싸졌습니다.

» 苦手だった野菜が好きになりました。 잘 못 먹던 채소를 좋아하게 되었습니다.

» もう冬になりましたね。コートが必要な季節になりました。
벌써 겨울이 되었네요. 코트가 필요한 계절이 되었습니다.

＜이유・원인＞

☐ **それで** 그래서　　☐ **ですから** 그러므로

» **頭痛と腹痛がひどくて。それで、今日は早退させてください。**

머리와 배가 너무 아파서요. 그래서 오늘은 먼저 퇴근하게 해 주세요.

＜추가・나열＞

☐ **そして** 그리고　　☐ **それに** 게다가　　☐ **それから** 그 다음에

» **このお店はインテリアが素敵です。それに店員さんも優しいです。**

이 가게는 인테리어가 멋집니다. 게다가 직원 분들도 친절합니다.

＜역접＞

☐ **でも** 하지만　　☐ **けれど** 그런데

» **ゴルフが好きです。でも、全然上手じゃありません。**

골프를 좋아합니다. 하지만, 전혀 잘하지 못합니다.

＜예시＞

☐ **例えば** 예를 들어

» **特に夏の野菜が好きです。例えばトマトやナスなどです。**

특히 여름 채소를 좋아합니다. 예를 들어 토마토나 가지 등입니다.

＜요약＞

☐ **つまり** 즉

» **彼は私の母の妹の息子です。つまり、私にとって、いとこです。**

그는 제 어머니의 여동생의 아들입니다. 즉, 저에게는 사촌입니다.

＜이야기 전환＞

☐ **ところで** 그건 그렇고, 그런데, 근데

» **昨日の野球の試合、すごかったですね。ところで、スポーツは好きですか。**

어제 야구 경기 정말 대단했죠. 그런데, 스포츠 좋아하시나요?

第8課 長い応答①

의견 제시①

답변 준비시간	30초	답변 시간	50초	문제	총 4문제
유형 파악	✔ 먼저 결론을 말하고 그 근거를 구체적으로 말하기				

📖 練習問題

🔊 問題 1

一日3食は食べすぎだという意見があります。あなたの考えを話してください。

하루 세 끼를 먹는 것은 과하다는 의견이 있습니다. 당신의 생각을 말씀해 주세요.

✏️ 解答例

そうですね。私はその意見に同意します。昔の人と違って現代人はあまり体を動かさないからです。たとえば今は多くの人がパソコンの前で仕事をしたり、車に乗って移動をしたりしています。そのためエネルギーをあまり使っていません。それに、テレビで医者が話していましたが、一日3食食べると体が休む暇がないそうです。消化のために体が働くからです。このような理由で、現代人が3食食べるのは食べすぎだと思います。

맞아요. 저는 그 의견에 동의합니다. 옛날 사람들과 달리 현대인은 많이 움직이지 않기 때문입니다. 예를 들어, 지금은 많은 사람들이 컴퓨터 앞에서 일을 하거나, 차를 타고 이동을 하고 있습니다. 그래서 에너지를 많이 쓰지 않습니다. 게다가 TV에서 의사가 말하기를, 하루 세 끼를 먹으면 몸이 쉴 틈이 없다고 합니다. 소화를 위해 몸이 계속 일하기 때문입니다. 이런 이유로 현대인이 세 끼를 먹는 것은 과식이라고 생각합니다.

» **Q** タイパを重視する傾向について、どう思いますか。

타이파(시간 단축)를 중시하는 경향에 대해 어떻게 생각하시나요?

A 最近タイパを重視する人が多いですが、私はその考えに反対します。質ではなく、速さだけ求めるのは問題だと思うからです。

최근 타이파를 중시하는 사람이 많지만, 저는 그 생각에 반대합니다. 질이 아니라 속도만을 추구하는 것은 문제라고 생각하기 때문입니다.

» **Q** 伝統的な風景の残る街に外国語で書かれた看板の設置を禁止することについてどう思いますか。

전통적인 풍경이 남아 있는 도시에 외국어로 쓰인 간판 설치를 금지하는 것에 대해 어떻게 생각하시나요?

A 禁止することに賛成します。伝統的な街の景観を守るべきだと思うからです。

금지하는 것에 찬성합니다. 전통적인 도시 경관을 지켜야 한다고 생각하기 때문입니다.

» **Q** エナジードリンクを頻繁に飲むことについてどう思いますか。

에너지 드링크를 자주 마시는 것에 대해 어떻게 생각하시나요?

A 危ないことだと思います。専門家はとても危険な行為だと話していました。

위험한 일이라고 생각합니다. 전문가들은 매우 위험한 행동이라고 말했습니다.

» **Q** 運転中にスマホを使うことについてどう思いますか。

운전 중에 스마트폰을 사용하는 것에 대해 어떻게 생각하시나요?

A 危険だし、迷惑な行為だと思います。ニュースで見ましたが去年スマホ運転で ２５人が亡くなったそうです。

위험하고, 다른 사람에게 폐를 끼치는 행동이라고 생각합니다. 뉴스에서 보았는데, 작년에 스마트폰 운전으로 25명이 사망했다고 합니다.

» キム選手は今年いっぱいで引退するらしいですよ。

김선수는 올해 말에 은퇴할 예정이라고 하더라고요.

問題 2

留学の経験が就職に有利に働くと思いますか。あなたの考えを話してください。

유학 경험이 취업에 유리하게 작용한다고 생각합니까? 당신의 생각을 말해 보세요.

解答例

留学の経験は就職に有利だと思います。まず、留学をすると外国語能力が身につきます。外国と関係のある会社も多いので、語学力は就職に役立ちます。次に、海外で生活することで、自分の考えを相手に伝える力もつきます。こうした経験は国際的な会社だけでなく、どの会社でも役立つと思います。最後に、いろいろな人に出会うことで視野が広がり、問題が起きても柔軟に対応できるはずです。ですから、留学経験は就職に役に立つと思います。

유학 경험은 취업에 유리하다고 생각합니다. 먼저, 유학을 하면 외국어 능력을 기를 수 있습니다. 외국과 관련된 회사도 많기 때문에, 언어 능력은 취업에 도움이 됩니다. 다음으로, 해외에서 생활하면서 자신의 생각을 상대방에게 잘 전달하는 능력도 길러집니다. 이러한 경험은 국제적인 회사뿐만 아니라 어떤 회사에서도 유용할 것입니다. 마지막으로, 다양한 사람을 만나면서 시야가 넓어지고, 문제가 생겨도 유연하게 대응할 수 있게 됩니다. 따라서 유학 경험은 취업에 큰 도움이 된다고 생각합니다.

» 健康になるためにはまず、朝ごはんを食べることが大切だと思います。次に、バランスのいい

食事をすることも大事です。最後に、しっかり寝ることで健康に近づけると思います。

건강해지기 위해서는 먼저 아침 식사를 하는 것이 중요하다고 생각합니다. 다음으로, 균형 잡힌 식사를 하는 것도 중요
합니다. 마지막으로, 충분히 잠을 자면 건강에 가까워질 수 있다고 생각합니다.

» 人間関係で大事なことはまず、相手の話をしっかり聞くことです。次に、自分の考えをわかり

やすく伝えることです。最後に、困ったときは協力することです。

인간관계에서 중요한 것은 먼저 상대의 말을 잘 듣는 것입니다. 다음으로, 자신의 생각을 이해하기 쉽게 전달하는 것입
니다. 마지막으로, 어려울 때는 서로 협력하는 것입니다.

~뿐만 아니라 （～だけでなく・じゃなく）

» 外国語を勉強するメリットは言葉を覚えるだけじゃなく、考え方を広げられることだと思いま

す。

외국어를 공부하는 장점은 단순히 언어를 배우는 것뿐만 아니라, 사고방식을 넓힐 수 있다는 것이라고 생각합니다.

» リサイクルにはゴミを減らすだけでなく資源を無駄にしない目的もあります。

재활용은 쓰레기를 줄이는 것뿐만 아니라, 자원을 낭비하지 않기 위한 목적도 있습니다.

가능성 표현 （はずだ、かもしれない）

» 若い人たちはデジタルに強いはずです。生まれたときから、スマホやパソコンが身近にあった

ので、早く覚えたかもしれません。

젊은 사람들은 디지털에 강할 것입니다. 태어날 때부터 스마트폰과 컴퓨터가 가까이에 있었기 때문에, 빨리 익혔을지도
모릅니다.

» これからもっと高齢化が進むはずだと思います。医療が発達して長生きする人も増えているか

らです。そして、若い世代にとっては負担が大きくなるかもしれません。

앞으로 고령화가 더 진행될 것이라고 생각합니다. 의료가 발달해서 오래 사는 사람도 늘고 있기 때문입니다. 그리고 젊
은 세대에게는 부담이 커질 수도 있습니다.

🔊 問題 3

不登校の子どもが増えているそうですが、あなたはその原因は何だと思いますか。

학교에 가지 않는 아이들이 늘고 있다고 하는데, 당신은 그 원인이 무엇이라고 생각하시나요?

✏️ 解答例

不登校の子どもが増えている原因はいくつかあると思います。まず、親や先生に勉強をさせられて、学校が楽しいと感じられない子どもが多いはずです。それだけじゃなく、人間関係のトラブルやいじめも関係しているかもしれません。最後に、最近はスマホやSNSを使う時間が長くなって、外で友達と遊ぶことが少なくなっています。そのため、人と話すことに慣れていない子どもも多いはずです。このような理由で不登校の子どもが増えていると思います。

학교에 가지 않는 아이들이 늘고 있는 원인은 여러 가지가 있다고 생각합니다. 먼저 부모나 선생님에게 공부를 강요받아 학교를 즐겁게 느끼지 못하는 아이들이 많을 것입니다. 그것뿐만 아니라, 인간관계 문제나 왕따도 관련이 있을지도 모릅니다. 마지막으로, 최근에는 스마트폰이나 SNS를 사용하는 시간이 길어지면서, 밖에서 친구들과 놀 기회가 줄어들고 있습니다. 그 때문에 사람과 대화하는 것에 익숙하지 않은 아이들도 많을 것입니다. 이러한 이유로 학교에 가지 않는 아이들이 늘고 있다고 생각합니다.

사역 수동형 （使役受身形）

1グループ あ段＋される	書く ➡ 書かされる　走る ➡ 走らされる　飲む ➡ 飲まされる 帰る ➡ 帰らされる　言う ➡ 言わされる　※話す ➡ 話させられる
2グループ る＋させられる	食べる ➡ 食べさせられる　見る ➡ 見させられる 着る ➡ 着させられる　　　　やめる ➡ やめさせられる
3グループ	する ➡ させられる　来る ➡ 来させられる

》 子どものころ、放課後になると塾に行かされました。

어렸을 때, 방과 후가 되면 학원에 가도록 시켰습니다.

》 野菜などの体にいい食べ物を無理やり食べさせられました。

채소 같은 몸에 좋은 음식을 억지로 먹게 했습니다.

》 忙しい時期は仕方なく残業をさせられます。

바쁠 때는 어쩔 수 없이 잔업을 시키기도 합니다.

교육 관련 단어 （教育関連単語）

□ 生徒・学生	□ 先生	□ 教師	□ 教諭	□ 校長	□ 保護者	□ 幼稚園
학생・학생	선생님	교사	교원	교장	보호자	유치원

□ 保育園	□ 小学校	□ 中学校	□ 高校	□ 大学	□ 専門学校	□ 専攻	□ 科目
어린이집	초등학교	중학교	고등학교	대학교	전문학교	전공	과목

□ 単位	□ 成績	□ 宿題	□ 学費	□ 留年	□ 浪人	□ 受験	□ 校内暴力
학점	성적	숙제	학비	유급	재수	입시	학교 내 폭력

□ 制服	□ 登校	□ 下校	□ 部活	□ 給食	□ 修学旅行	□ いじめ
교복	등교	하교	동아리 활동	급식	수학여행	괴롭힘

□ 校則	□ 不登校	□ 教育格差	□ 学力低下	□ 教員不足	□ フリースクール
학교 규칙	등교 거부	교육 격차	학력 저하	교원 부족	대안학교

》 特に地方では教員不足が深刻で、授業の質や教育環境に影響があります。

특히 지방에서는 교원 부족이 심각하여 수업의 질과 교육 환경에 영향을 미치고 있습니다.

第9課 長い応答②
의견 제시②

답변 준비시간	30초	답변 시간	50초	문제	총 4문제
유형 파악	✔ 먼저 결론을 말하고 그 근거를 구체적으로 말하기				

練習問題

🔊 問題 1

ペットを電車や飛行機などの乗り物に乗せることについて、あなたはどう思いますか。

반려동물을 기차나 비행기 같은 교통수단에 태우는 것에 대해 당신은 어떻게 생각하나요?

解答例

ペットを乗り物に乗せてもいいと思います。なぜなら、ペットは家族の一員だし、旅行や引っ越しなどで一緒に行動したがる人が多いからです。また、ペットも知らない場所に預けられると、不安を感じるはずです。ですから、飼い主と一緒に移動できることは、ペットにとっても安心だと思います。ただし、他の乗客に迷惑をかけないように注意することがとても大切です。例えば、ケージやバッグに入れること、においや鳴き声に気をつけることが必要です。ルールを守れば問題ないと思います。

반려동물을 교통수단에 태워도 된다고 생각합니다. 왜냐하면 반려동물은 가족의 한 구성원이고, 여행이나 이사 등에서 함께 행동하고 싶어 하는 사람이 많기 때문입니다. 또한 반려동물도 낯선 곳에 맡겨지면 불안을 느낄 것입니다. 그래서 주인과 함께 이동할 수 있다는 것은 반려동물에게도 안심이 된다고 생각합니다. 다만 다른 승객에게 피해를 주지 않도록 주의하는 것이 매우 중요합니다. 예를 들어, 케이지나 가방에 넣어두기, 냄새나 울음소리에 신경 쓰는 것이 필요합니다. 규칙을 잘 지킨다면 문제가 없다고 생각합니다.

~해 하다 (〜がる)

» **Q** どうして学校に行きたがらない子どもが増えていると思いますか。

왜 학교에 가기 싫어하는 아이들이 늘고 있다고 생각하나요?

A 勉強についていけない子どもたちは行きたがらないでしょう。

수업을 따라가기 힘든 아이들은 학교에 가기 싫어할 것이라고 생각합니다.

» **Q** 大人がほしがるプレゼントは何だと思いますか。

어른들이 갖고 싶어 하는 선물은 무엇이라고 생각하나요?

A 大人なら、実用的なプレゼントをほしがると思いますよ。

어른이라면 실용적인 선물을 받고 싶어 할 것이라고 생각합니다.

» **Q** 他人に嫌がられる行動には何があると思いますか。

다른 사람이 싫어하는 행동에는 어떤 것이 있다고 생각하나요?

A 約束の時間に遅れたり、ドタキャンすると嫌がられます。

약속 시간에 늦거나 갑자기 약속을 취소하면 싫어할 것입니다.

N에게 (Nにとって)

» **Q** 高齢者にとって必要な政策は何だと思いますか。

고령자에게 필요한 정책은 무엇이라고 생각하나요?

A 安心して生活できるように、医療や介護のサポートが必要だと思います。

안심하고 생활할 수 있도록 의료와 요양 지원이 필요하다고 생각합니다.

» **Q** 企業にとってほしい人材はどんな人だと思いますか。

기업이 원하는 인재는 어떤 사람이라고 생각하나요?

A そうですね。自分で考えて、行動できる人だと思います。

글쎄요, 스스로 생각하고 행동할 수 있는 사람이라고 생각합니다.

🔊 問題 2

フェイクニュースを信じないように、どんな工夫ができると思いますか。あなたの考えを話してください。

가짜 뉴스를 믿지 않기 위해서 어떤 노력을 할 수 있다고 생각하나요? 당신의 생각을 말해 주세요.

✎ 解答例

うそのニュースを信じないようにするためには、まず情報の出どころを確認することが大切だと思います。SNSでは誰でも簡単に投稿できるため、間違った内容や個人の意見が事実のように広がることがあります。ですから、一つの情報だけで判断しないで、新聞やテレビなどの信頼できるメディアでも確かめるようにしなければなりません。また、感情的な言葉や極端な意見が多いニュースは、できるだけ信じないようにした方がいいです。

거짓 뉴스를 믿지 않기 위해서는, 먼저 정보의 출처를 확인하는 것이 중요하다고 생각합니다. SNS에서는 누구나 쉽게 글을 올릴 수 있기 때문에, 잘못된 내용이나 개인의 의견이 마치 사실인 것처럼 퍼질 수 있습니다. 따라서 한 가지 정보만으로 판단하지 말고, 신문이나 TV 등 신뢰할 수 있는 매체에서도 확인해야 합니다. 또한 감정적인 표현이나 극단적인 의견이 많은 뉴스는 가능한 믿지 않는 것이 좋습니다.

» **Q** ＳＮＳでの悪質コメントや 中傷 を減らすためには、どうすればいいですか。

SNS에서 악성 댓글이나 비방을 줄이기 위해서는 어떻게 해야 할까요?

A まず一人一人が言葉の重さを 考えなければならないと思います。ＳＮＳでは顔が見えないため、相手を傷つけていることに気づかない人も多いです。

먼저 한 사람 한 사람이 말의 무게를 생각해야 한다고 생각합니다. SNS에서는 얼굴이 보이지 않기 때문에, 상대방을 상처 주고 있다는 것을 깨닫지 못하는 사람도 많습니다.

» **Q** 理想的なリーダー像について教えてください。 이상적인 리더상에 대해 말씀해 주세요.

A まず真面目じゃなければなりません。それから、人の話をよく聞く人じゃなければなりません。最後に、責任感がなければならないと考えます。

먼저 성실해야 합니다. 그리고 다른 사람의 말을 잘 들어주는 사람이어야 합니다. 마지막으로 책임감이 있어야 한다고 생각합니다.

SNS관련 단어 (SNS関連単語)

□ 情報	□ 匿名	□ 迷惑行為	□ ブログ	□ アンチコメント	□ なりすまし
정보	익명	민폐 행위	블로그	악성 댓글	사칭
□ 警告	□ ネット	□ デマ	□ プライバシー	□ フォロー	□ コメント
경고	인터넷	허위 정보	프라이버시	팔로우	댓글
□ 身元	□ 拡散	□ 炎上	□ 個人情報	□ 誹謗・中傷	
신원	확산	논란	개인 정보	비방·중상	

» 匿名のまま誹謗・中傷するのはよくないことだと思います。

익명으로 비방이나 중상을 하는 것은 좋지 않다고 생각합니다.

» ネット上では身元を隠してアンチコメントを書く人がいます。

인터넷상에서는 신원을 숨기고 악성 댓글을 쓰는 사람이 있습니다.

» 有名人の発言がSNSで炎上しました。

유명인의 발언이 SNS에서 논란이 되었습니다.

問題 3

環境を守るために、子どもたちにどんなことを教えたらいいと思いますか。

환경을 지키기 위해 아이들에게 어떤 것을 가르쳐야 한다고 생각하나요?

解答例

物を大切に使う心と自然を大事にする気持ちを教えなければならないと思います。最近は、便利な物がたくさんあって、何でもすぐ買い替える人が多いです。ですが、子どものころから「まだ使えるものを捨てない」ことや、買い物のときに「本当に必要なものか」と考える習慣を身につけることが大切です。また、実際に森や海などに出かけて、自然の美しさや大切さを体験することも効果的だと思います。こうした経験を通して、子どもたちは「地球を守りたい」という気持ちを自然に持つようになると考えます。

물건을 소중히 쓰는 마음과 자연을 아끼는 마음을 가르쳐야 한다고 생각합니다. 요즘은 편리한 물건이 많아 무엇이든 금방 바꾸는 사람이 많습니다. 하지만 아이 때부터 '아직 쓸 수 있는 것을 버리지 않는다'거나, 쇼핑할 때 '정말 필요한 것인가' 하고 생각하는 습관을 기르는 것이 중요합니다. 또한 실제로 숲이나 바다 등 자연을 체험하면서 자연의 아름다움과 소중함을 느끼게 하는 것도 효과적이라고 생각합니다. 이런 경험을 통해 아이들은 자연스럽게 '지구를 지키고 싶다'는 마음을 갖게 된다고 생각합니다.

간접 의문문 (〜か)

» **Q** オンラインでの勉強とオフラインでの勉強と、どちらがいい思いますか。

온라인으로 공부하는 것과 오프라인으로 공부하는 것, 어느 쪽이 더 좋다고 생각하나요?

» **A** オンラインで勉強をするか、オフラインで勉強をするか、それぞれに長所があると思います。

온라인이든 오프라인이든, 각각 장점이 있다고 생각합니다.

» 目を見るとその人がいい人かわかると言いますが、目だけで判断できません。それよりも、その人の言葉遣いや行動を見れば判断できると思います。

눈을 보면 그 사람이 좋은 사람인지 알 수 있다고 하지만, 눈만으로 판단할 수는 없습니다. 그보다는 그 사람의 말투나 행동을 보면 판단할 수 있다고 생각합니다.

자연, 환경 관련 단어 (自然、環境関連単語)

□ 林　□ 木　□ 草　□ 花　□ 空気　□ 太陽　□ 動物　□ 地球

숲　　나무　풀　　꽃　　공기　　태양　　동물　　지구

□ 大気汚染　□ 水質汚染　□ 地球温暖化　□ ごみ問題　□ 再利用

대기오염　　수질오염　　지구온난화　　쓰레기 문제　재활용

□ リサイクル　□ 節電　□ 節水　□ エネルギー　□ 森林破壊

리사이클　　　절전　　절수　　에너지　　　산림 파괴

□ 省エネ　□ エコバック　□ ごみの分別　□ プラスティック

에너지 절약　에코백　　쓰레기 분리　　플라스틱

□ 無駄にする　□ マイボトル　□ 使い捨て　□ フードロス　□ 二酸化炭素

낭비하다　　마이보틀　　일회용품　　푸드로스　　이산화탄소

» 海の水質汚染が進んでいます。もっと環境に興味を持つべきです。

바다의 수질 오염이 심해지고 있습니다. 환경에 더 관심을 가져야 합니다.

» ごみを減らすために、リサイクルをしたり、使い捨てのものを使わないようにしたりすることが大切です。

쓰레기를 줄이기 위해 재활용을 하거나, 일회용품을 사용하지 않도록 하는 것이 중요합니다.

□ 人口 ／ 인구
□ 少子高齢化 ／ 저출산·고령화
□ 出産率の低下 ／ 출산율 저하
□ 過疎化 ／ 과소화
□ 出産率 ／ 출산율
□ 平均寿命 ／ 평균 수명

□ 核家族 ／ 핵가족
□ 一人暮らし ／ 1인 가구
□ 子どもを育てる ／ 아이를 키우다
□ 介護 ／ 간호·돌봄
□ 共働き ／ 맞벌이
□ 養育費 ／ 양육비

□ 独身 ／ 독신
□ 結婚 ／ 결혼
□ 一人っ子 ／ 외동
□ 田舎⇔都会 ／ 시골⇔도시
□ 増加⇔減少 ／ 증가⇔감소

» 少子高齢化が進むと、働く人が減って社会全体に影響が出ると思います。

저출산·고령화가 진행되면 일하는 사람이 줄어들어 사회 전체에 영향을 줄 것이라고 생각합니다.

» 高齢者が増えて、医療や介護の負担が大きくなります。

고령자가 늘어나면서 의료와 간호·돌봄의 부담이 커집니다.

□ 失業 ／ 실업
□ ブラック企業 ／ 블랙기업
□ 長時間労働 ／ 장시간 노동
□ ワークライフバランス ／ 워라밸
□ 正社員 ／ 정규직

□ 非正規社員 ／ 비정규직
□ 契約社員 ／ 계약직
□ パートタイム ／ 파트타임
□ 給料 ／ 급여
□ ボーナス ／ 보너스
□ 残業代 ／ 잔업 수당

□ 過労死 ／ 과로사
□ 年金 ／ 연금
□ 貧困問題 ／ 빈곤 문제
□ 生活保護 ／ 생활 보호
□ 保障 ／ 보장
□ 不動産 ／ 부동산
□ 借金 ／ 대출

□ 不景気 ／ 불경기
□ 転職 ／ 전직
□ 退職 ／ 퇴직
□ 離職率 ／ 이직률
□ 新入社員 ／ 신입 사원
□ 職場 ／ 직장

□ 勤務 ／ 근무
□ 出勤 ／ 출근
□ 退勤 ／ 퇴근
□ 年収 ／ 연봉

» 長時間労働のせいで、病気になったり、家族との時間が短くなったりします。

장시간 노동 때문에 병에 걸리거나 가족과 함께하는 시간이 줄어듭니다.

» 若者の離職率が深刻化しています。

청년들의 이직률이 심각해지고 있습니다.

□ 性別　□ 男女平等　□ 多様性　□ ＬＧＢＴ　□ トランスジェンダー

성별　　　남녀평등　　　다양성　　　성소수자　　　트랜스젠더

□ 産休　□ 家事分担　□ 性差別　□ 育児休暇　□ 女性の社会進出

출산휴가　　가사 분담　　성차별　　육아 휴가　　여성의 사회 진출

» 男性も育児休暇を取りやすい環境にするべきです。

남성도 육아휴가를 쓰기 쉬운 환경을 만들어야 합니다.

» ジェンダーの多様性を認める社会を作らなければなりません。

젠더의 다양성을 인정하는 사회를 만들어야 합니다.

□ 患者　□ 医者・医師　□ 健康保険　□ 入院　□ 退院　□ 費用　□ 医療

환자　　의사·의료진　　건강보험　　입원　　퇴원　　비용　　의료

□ 予防　□ 医療費　□ メンタルヘルス　□ 健康診断　□ 処方薬　□ 歯医者

예방　　의료비　　정신 건강(멘탈 헬스)　　건강 진단　　처방약　　치과의사, 치과

□ 内科　□ 外科　□ 先端医療　□ 医療ミス　□ 救急車　□ 医療観光

내과　　외과　　첨단 의료　　의료 실수　　구급차　　의료 관광

» 地方の医師不足を解消するための方法について考えてみよう。

지방 의사 부족을 해소하기 위한 방법에 대해 생각해 봅시다.

» 観光するついでに、医療サービスを受ける医療観光が活性化している。

관광을 하는 김에 의료 서비스를 받는 의료 관광이 활성화되고 있습니다.

第10課 場面設定①

ばめんせってい

상황 대응①

답변 준비시간	30초	답변 시간	40초	문제	총 3문제
유형 파악	✔ 자신의 역할을 잘 이해하고 역할극 해 보기 ✔ 상황이나 상대에 따라 반말, 존댓말, 겸양어를 알맞게 사용하기				

練習問題

🔊 **問題 1**

あなたが行った店でアンケートに答えたら、ミュージカルの チケットが当たりました。友達に状況を説明し、一緒に行く ように誘ってください。

당신이 갔던 가게에서 설문에 응했더니 뮤지컬 티켓에 당첨되었습니다. 친구에게 상황을 설명하고 함께 가자고 권해 주세요.

今ちょっといい？実はびっくりする話があるんだ。この前、買い物に行ったお店でアンケートに答えたら、なんとミュージカルのチケットが当たったんだ。確かミュージカル、好きだったよね？来週の土曜日の夜の公演なんだけど、2枚あるから一緒に行かない？最近すごく人気の作品らしくて、チケット買うの大変なんだって。それに結構有名な俳優さんたちが出るみたい。私も前から見てみたいと思ってたんだ。チケットは無料だし、せっかくだから一緒に見に行かない？

지금 잠깐 시간 있어? 사실 말이야, 깜짝 놀랄 이야기가 있어. 얼마 전에 쇼핑하러 갔던 가게에서 설문조사에 답했더니, 웬걸 뮤지컬 티켓이 당첨된 거야. 너 분명 뮤지컬 좋아했지? 다음 주 토요일 밤 공연인데, 티켓이 두 장이라서 같이 보러 갈래? 요즘 굉장히 인기 있는 작품이라서 티켓 구하기도 어렵다더라고. 게다가 꽤 유명한 배우들도 나온대. 나도 전부터 한번 보고 싶다고 생각하고 있었고. 티켓도 무료고, 모처럼이니까 같이 보러 가지 않을래?

이유, 상황 설명 （〜んだ）

» A：ねえ、聞いて。実はすごいニュースがあるんだ。この前、駅前のカフェでコーヒーを買ったら、なんと抽選で旅行券が当たったんだ。

있잖아, 들어봐. 사실 엄청난 소식이 있어. 얼마 전에 역 앞 카페에서 커피를 샀는데, 놀랍게도 추첨으로 여행 여행권에 당첨됐어.

B：えー、すごい。おめでとう。運がいいね。

와, 대단하다. 축하해! 운이 좋네.

» A：今日、部署のみんなでランチを食べることになっているんです。

오늘 부서 사람들하고 점심을 먹기로 되어 있어요.

B：そうなんですか。今日はあいにく用事があるんです。

그렇군요. 오늘은 아쉽게도 개인적인 일이 있어요.

» A：どうしたんですか。そんなに焦って。

어떻게 된 거예요? 그렇게 급하게.

B：資料を事務室に置いてきてしまったんです。

자료를 사무실에 두고 와버렸어요.

<권유 전>　캐주얼·가벼운 표현 ← 기본 표현 → 포멀·공손한 표현		
・今、話せる？ ・少し、時間ある？ ・ねえ、話あるんだけど	・今、話せますか ・時間ありあますか ・ちょっと、いいですか	・今、お話できますか ・お時間よろしいでしょうか ・お忙しいところ、すみません
<권유 표현>　캐주얼·가벼운 표현 ← 기본 표현 → 포멀·공손한 표현		
・一緒に～ない？ ・よかったら〇〇しよう ・〇〇どう？	・一緒に～ませんか ・よかったら〇〇でもどうですか	・もしお時間がよろしければ、いらっしゃいませんか ・よろしければ、ご一緒いただけませんか

» **Q** もしもし。今、話せる？よかったら、来週、スキー行かない？

여보세요. 지금 이야기할 수 있어? 괜찮으면 다음 주에 스키 타러 가지 않을래?

A 来週？あー、ごめん。来週はちょっと無理そう。その次の週はだめ？

다음 주? 아, 미안. 다음 주는 좀 힘들 것 같아. 그 다음 주는 안 돼?

» **Q** 林さん、ちょっといいですか。来月の出張のことで打ち合わせをしたいんですが。

하야시 씨, 잠깐 시간 괜찮으세요? 다음 달 출장 건으로 미팅을 하고 싶은데요.

A わかりました。じゃあ、あっちの部屋でしましょうか。

알겠습니다. 그럼 저쪽 방에서 할까요?

» **Q** 先生、今お時間よろしいでしょうか。実は、来週ゼミのみんなで紅葉を見に行くことになりまして。よろしければ、ご一緒いだだけませんか。

선생님, 지금 시간 괜찮으신가요? 사실 다음 주에 세미나 멤버들과 단풍 구경을 가기로 했는데, 괜찮으시다면 함께 가시겠어요?

A 実は来週少し予定がありますが、もし時間が合えばぜひ参加したいと思います。

사실 다음 주에 조금 일정이 있지만, 시간이 맞으면 꼭 참석하고 싶습니다.

🔊 問題 2

今、出張でホテルに宿泊しています。明日は朝早く出かけなければならないので、フロントに電話をかけて朝の 7 時にモーニングコールをしてもらうようにお願いしてください。

지금 출장으로 호텔에 머물고 있습니다. 내일은 아침 일찍 나가야 하니 프런트에 전화해서 오전 7시에 모닝콜을 해달라고 부탁해 주세요.

すみません、303 号室のパクと申します。実は、明日の朝にとても大事な会議がありまして、少しでも遅刻をすると非常に困ったことになるんです。そこで、恐れ入りますがモーニングコールをお願いいたしたいんですが。明日の朝7時に電話をかけていただけませんか。また、万が一私が電話に出なかった場合は、お手数ですがもう一度電話をかけ直していただくことは可能でしょうか。忙しいところすみませんが、よろしくお願いいたします。

죄송합니다, 303호실 박이라고 합니다. 사실 내일 아침에 매우 중요한 회의가 있어서, 조금이라도 지각하면 굉장히 곤란한 상황이 생깁니다. 그래서, 죄송하지만 모닝콜을 부탁드리고자 연락드렸습니다. 내일 아침 7시에 전화를 걸어주실 수 있을까요? 또한 혹시 제가 전화를 받지 못한 경우에는, 번거로우시겠지만 한 번 더 다시 걸어주실 수 있을까요? 바쁘신 와중에 죄송합니다만, 잘 부탁드립니다.

의뢰 표현（依頼表現）

캐주얼·가벼운 표현 ← 기본 표현 → 포멀·공손한 표현		
悪いんだけど…	すみませんが…	恐れ入りますが…
〜てくれない？	〜てくれませんか	〜ていただけませんか
〜てもらえる？	〜てもらえませんか	〜ていただけると助かります

» **Q** 悪いんだけど、この部分がちょっとわかりにくいんだ。詳しく教えてくれない？

미안한데, 이 부분이 좀 이해가 잘 안 돼. 자세히 설명해 줄 수 있어?

A うん、いいよ。この部分だよね？

응, 좋아. 이 부분 말하는 거지?

» **Q** このデータ、数字が合っていないみたいです。恐れ入りますが、確認していただけませんか。

이 데이터, 숫자가 맞지 않는 것 같아요. 죄송하지만, 확인해 주실 수 있나요?

A わかりました。確認をしてから、またファイルをお送りします。

알겠습니다. 확인한 후에 다시 파일을 보내드리겠습니다.

정중한 말투	겸양어	존경어
言います	申します	おっしゃいます
します	いたします	なさいます
行きます	参ります、伺います	いらっしゃいます
来ます	参ります、伺います	お見えになります、お越しになります
見ます	拝見します	ご覧になります
会います	お目にかかります	
知っています	存じております	ご存じです
あげます	さしあげます	
もらいます	いただきます	お受け取りになります
くれます		くださいます
聞きます	伺います	お聞きになります
～ています	～ております	～ていらっしゃいます

» 午後3時にそちらに参ります。 오후 3시에 그쪽으로 가겠습니다.

» お客様がもうすぐこちらにお見えになります。 손님께서 곧 이쪽으로 오십니다.

尊敬語

お（Vます形）、ご（動作性名詞）になります

お（Vます形）、ご（動作性名詞）ください

お（Vます形）、ご（動作性名詞）です

» こちらのパンフレットをお読みください。 이 팸플릿을 읽어봐 주세요.

» 何かご不明な点ががございましたら、遠慮なくご相談ください。

혹시 궁금한 점이 있으시면, 주저하지 마시고 상담해 주세요.

» ポイントカードはお持ちでしょうか。 포인트 카드를 가지고 계신가요?

お（Vます形）、ご（動作性名詞）します・いたします

» よろしければ、その<ruby>お荷物<rt>にもつ</rt></ruby>をお<ruby>運<rt>はこ</rt></ruby>びいたします。 괜찮으시면, 그 짐을 옮겨 드릴게요.

» <ruby>部長<rt>ぶちょう</rt></ruby>、そのお<ruby>仕事<rt>しごと</rt></ruby>、<ruby>私<rt>わたし</rt></ruby>がお<ruby>手伝<rt>てつだ</rt></ruby>いしましょうか。 부장님, 그 일은 제가 도와드릴까요?

» この<ruby>件<rt>けん</rt></ruby>については、<ruby>後<rt>のち</rt></ruby>ほどご<ruby>連絡<rt>れんらく</rt></ruby>いたします。 이 건에 대해서는 나중에 연락드리겠습니다.

» こちらの<ruby>資料<rt>しりょう</rt></ruby>について、ご<ruby>説明<rt>せつめい</rt></ruby>します。 이 자료에 대해 설명드리겠습니다.

＜자주 쓰는 표현＞

① <ruby>恐<rt>おそ</rt></ruby>れ<ruby>入<rt>い</rt></ruby>りますが　죄송하지만 / 번거롭게 해 드리지만 / 실례가 되지만

② <ruby>万<rt>まん</rt></ruby>が<ruby>一<rt>いち</rt></ruby>　만약에

③ お<ruby>手数<rt>てすう</rt></ruby>ですが　번거로우시겠지만

④ <ruby>何卒<rt>なにとぞ</rt></ruby>　아무쪼록 / 부디 / 제발

⑤ ご<ruby>迷惑<rt>めいわく</rt></ruby>をおかけします　폐를 끼쳐 죄송합니다 / 불편을 드려 죄송합니다

» <ruby>部長<rt>ぶちょう</rt></ruby>、<ruby>恐<rt>おそ</rt></ruby>れ<ruby>入<rt>い</rt></ruby>りますが、こちらにサインをお<ruby>願<rt>ねが</rt></ruby>いいたします。

　부장님, 죄송하지만, 여기에 서명 부탁드립니다.

» <ruby>万<rt>まん</rt></ruby>が<ruby>一<rt>いち</rt></ruby>、<ruby>会議<rt>かいぎ</rt></ruby>に<ruby>遅<rt>おく</rt></ruby>れる<ruby>場合<rt>ばあい</rt></ruby>は、<ruby>私<rt>わたし</rt></ruby>にご<ruby>連絡<rt>れんらく</rt></ruby>ください。

　만약 회의에 늦을 경우에는 저에게 연락 부탁드립니다.

🔊 問題 3

上司から「今晩、一緒に食事でもどう？」と誘われました。しかし、あなたは家族と約束があるため、断らなければなりません。状況を説明して断ってください。

상사에게서 "오늘 밤에 같이 식사라도 어때요?" 하고 초대를 받았습니다. 하지만 당신은 가족과 약속이 있어서 거절해야 합니다. 상황을 설명하고 정중하게 거절해 보세요.

お誘いいただき、ありがとうございます。大変申し訳ございませんが、今晩は家族との用事がありまして、どうしてもご一緒できそうにないんです。残念ですが、今回は失礼させていただきます。せっかくお誘いくださったのに、申し訳ございません。今日は私抜きで、他の皆様と楽しい時間をお過ごしください。ぜひまた次の機会がありましたら、ご一緒させてください。

초대해 주셔서 감사합니다. 정말 죄송하지만, 오늘 밤에는 가족과의 일정이 있어서 부득이하게 함께하지 못할 것 같습니다. 아쉽지만 이번에는 실례를 범하게 되었습니다. 귀한 초대를 해 주셨는데 죄송합니다. 오늘은 저 없이 다른 분들과 즐거운 시간 보내시길 바랍니다. 다음에 기회가 있다면 꼭 함께하고 싶습니다.

거절 이유 (断る理由)

□ 体調が悪い　　□ 家の用事がある　　□ 先約がある　　□ 急な仕事が入る　　□ 残業

몸이 안 좋다　　집안일이 있다　　선약이 있다　　급한 일이 생기다　　야근

» **Q** ねえ、今日、仕事何時に終わる？ちょっと飲みに行かない？

야, 오늘 일 몇 시에 끝나? 잠깐 술 한 잔 하러 가지 않을래?

A 行きたいんだけど、急な仕事が入っちゃって。悪いけど、次に行こう。

가고 싶은데, 갑자기 일이 생겨서. 미안하지만 다음에 가자.

» **Q** よかったら、みんなで久しぶりに飲み会でもどうですか。

괜찮으면 다 같이 오랜만에 회식이라도 어때요?

A 行きたいんですが、今日は体調が悪いので、今度にさせていただきます。

가고 싶지만, 오늘은 몸이 안 좋아서 다음으로 하겠습니다.

» **Q** 今日、映画行かない？ 오늘 영화 보러 가지 않을래?

A 行きたいけど用事あるんだ。次は絶対に行くね。

가고 싶은데, 일이 있어. 다음에는 꼭 갈게.

» **Q** あとで時間ある？ちょっとお茶しに行かない？

나중에 시간 있어? 잠깐 차라도 마시러 가지 않을래?

A 誘ってくれてありがとう。でも今日は早く帰らなきゃいけないから、難しそう。明日なら時間あるけど、明日はどう？

권해줘서 고마워. 하지만 오늘은 일찍 집에 가야 해서 어려울 것 같아. 내일이면 시간 있는데, 내일은 어때?

» **Q** 今からちょっと食事でもどうですか。 지금부터 잠깐 식사라도 할래요?

A お誘いありがとうございます。申し訳ないんですが、今日は先約がありまして。次回はぜひ、行かせてください。

권해 주셔서 감사합니다. 죄송하지만 오늘은 선약이 있어서요. 다음 번에는 꼭 함께하겠습니다.

第11課 場面設定②
상황 대응②

답변 준비시간	30초	답변 시간	40초	문제	총 3문제
유형 파악	✔ 자신의 역할을 잘 이해하고 역할극 해 보기 ✔ 상황이나 상대에 따라 반말, 존댓말, 겸양어를 알맞게 사용하기				

 練習問題

🔊 問題 1

あなたは今日、上司に提出しなければならない資料があることをうっかり忘れていました。謝って、できるだけ早く資料を作って提出することを伝えてください。

당신은 오늘 상사에게 제출해야 하는 자료가 있다는 것을 깜빡 잊고 있었습니다. 사과하고, 가능한 한 빨리 자료를 작성해서 제출하겠다고 전하세요.

大変、申し訳ございません。資料の提出期限が今日までだということをうっかり忘れておりました。私の不注意です。ご迷惑をおかけして、申し訳ありません。今すぐ資料作りに取りかかり、できるだけ早く仕上げて提出いたします。今後、同じような失敗を繰り返さないよう、スケジュール管理を徹底いたします。十分注意してまいります。この度は誠に申し訳ございませんでした。

정말 죄송합니다. 자료 제출 기한이 오늘까지라는 것을 깜빡 잊고 있었습니다. 저의 부주의였습니다. 불편을 끼쳐 드려 죄송합니다. 지금 바로 자료 작성에 들어가 최대한 빠르게 완성하여 제출하겠습니다. 앞으로 같은 실수를 반복하지 않도록 스케줄 관리를 철저히 하겠습니다. 충분히 주의하겠습니다. 이번 일에 대해 진심으로 사과드립니다.

사죄 표현 (謝罪表現)

캐주얼·가벼운 표현 ← 기본 표현 → 포멀·공손한 표현		
・ごめん ・悪かった	・すみません ・本当にすみません ・失礼しました ・迷惑をかけてしまいました	・私の不注意でした ・申し訳ありません（ございません） ・大変申し訳ありません（ございません） ・ご迷惑をおかけして、申し訳ございません

» 客： すみません。３０分前に注文したんですけど、まだ出てこなくて。

죄송한데요, 30분 전에 주문했는데 아직 나오지 않았어요.

店員： ご迷惑をおかけして申し訳ございません。ただいま注文を確認して参ります。

불편을 끼쳐 드려 죄송합니다. 지금 바로 주문을 확인해 보겠습니다.

少々お待ちください。

잠시만 기다려 주세요.

» 友人1： 遅いよ。何分待ったと思ってるの？

늦었어. 몇 분이나 기다렸는지 알아?

友人2： 遅くなっちゃってごめん！こんなに待たせるつもりじゃなかったんだけど、

늦어서 미안! 이렇게 오래 기다리게 할 생각은 전혀 없었는데,

道が混んでて。今日は私がご馳走するよ。だから、許して。

길이 너무 막혔어. 오늘은 내가 쏠게. 그러니까 용서해줘!

» 友人1： 私の誕生日忘れちゃったの？

내 생일 잊어버린 거야?

友人2： ごめん。最近バタバタしてて、うっかりしてたよ。本当にごめん。これからはちゃんとスケジュールに登録して、絶対に忘れないようにするね。

미안. 요즘 정신이 없어서 깜빡했어. 정말 미안해. 앞으로는 스케줄에 꼭 적어두고 절대 안 잊어버리도록 할게.

» 同僚1： （同僚2）さんの作った企画書の数字、いくつか間違っていましたよ。一度確認してみてください。

○○ 씨가 만든 기획서 숫자 몇 개가 틀렸어요. 한 번 확인해 보세요.

同僚2： え？本当ですか。すみません。急いでいたので、ミスを見落としてしまったみたいです。次からは提出する前にダブルチェックするようにします。教えてくれてありがとうございます。

네? 정말요? 죄송합니다. 급하게 하다 보니 실수를 놓친 것 같아요. 다음부터는 제출하기 전에 반드시 다시 확인하도록 하겠습니다. 알려주셔서 감사합니다.

» 上司： ○○社の件、まだ報告がないんだけど。どうなっているんだ？

○○사 건, 아직 보고가 없는데요. 어떻게 된 겁니까?

部下： 大変申し訳ございません、部長。交渉が難航していまして。結論が出てから報告しようと考えておりました。しかし、重要な案件ですので途中経過をご報告しなかったのは私の判断ミスです。今後は定期的にご報告するようにいたします。申し訳ございませんでした。

대단히 죄송합니다, 부장님. 협상이 난항을 겪고 있었습니다. 결론이 나온 후에 보고드리려고 생각했었습니다. 하지만 중요한 사안임에도 중간 경과를 보고드리지 않은 것은 제 판단 착오였습니다. 앞으로는 정기적으로 보고드리도록 하겠습니다. 죄송합니다.

🔊 問題 2

あなたは昨日先輩にプレゼンテーションの準備を手伝っても
らいました。感謝の気持ちを伝えてください。

당신은 어제 선배로부터 프레젠테이션 준비에 필요한 도움을 받았습니다. 감사의
마음을 전하세요.

✏️ 解答例

昨日は手伝っていただき、本当にありがとうございました。先輩のおかげで、無事にプレゼン
テーションを終えることができまして、心から感謝しております。部長にも褒めていただき、
大変嬉しく思っております。先輩にはいつもご指導いただき、協力していただき、改めて感謝
の気持ちでいっぱいです。私にお手伝いできることがありましたら、いつでもお手伝いさせてく
ださい。そのときはご遠慮なくおっしゃってください。今後ともご指導のほど、よろしくお願い
いたします。

어제는 도와주셔서 정말 감사드립니다. 선배님 덕분에 무사히 프레젠테이션을 마칠 수 있었고, 진심으로 감사드립니다.
부장님께서도 칭찬해 주셔서 매우 기쁘게 생각하고 있습니다. 선배님께서는 항상 지도해 주시고 협력해 주셔서, 다시 한
번 감사한 마음이 가득합니다. 제가 도와드릴 수 있는 일이 있으면 언제든지 말씀해 주세요. 그때는 주저하지 마시고 말씀
해주세요. 앞으로도 계속해서 지도해 주시길 부탁드립니다.

캐주얼·가벼운 표현 ← 기본 표현 → 포멀·공손한 표현		
・ありがとう ・ありがとね ・本当にありがとう ・助かるよ	・本当にありがとうございます ・助かります	・誠にありがとうございます ・感謝しております ・ご協力／ご指導いただきありがとうございます

» 友人1： よかったら、手伝うよ。

괜찮으면, 도와줄게.

友人2： **ありがとう。助かるよ。**今度、私にできることがあったら、いつでも言ってね。

고마워. 정말 도움이 돼. 다음에 내가 할 수 있는 일이 있으면 언제든 말해 줘.

» 同僚1： お疲れさまでした。大成功でしたね。

수고하셨습니다. 정말 대성공이었네요.

同僚2： いえいえ、〇〇さんのサポートがなかったら、スムーズに進まなかったと思います。**本当にありがとうございます。**

아니에요, 〇〇 씨의 지원이 없었으면 순조롭게 진행되지 않았을 거예요. 정말 감사합니다.

» 先輩： このぐらい準備しておけば、大丈夫です。

이 정도 준비해 두면 괜찮아.

後輩： 今日はご指導いただき、**感謝しております。**私がお力になれることがあれば、いつでもおっしゃってください。

오늘 지도해 주셔서 감사드립니다. 제기 도움이 될 일이 있으면 언제든 말씀해 주세요.

» 部下： お忙しいのに、ご対応していただき、ありがとうございました。

바쁘신데도 대응해 주셔서 감사합니다.

上司： いえいえ。また何かあったら、遠慮なく話してください。

아니에요. 또 무슨 일이 있으면 주저하지 말고 말씀해 주세요.

» 友人1： ひとつひとつ、わかりやすく教えてくれて、ありがとう。助かったよ。

하나하나 쉽게 설명해 줘서 고마워. 정말 도움이 됐어.

友人2： これぐらいなら、いつでも手伝うよ。

이 정도라면 언제든 도와줄게.

정중한 연결 （ ～まして ）

» 今日は仕事が残っていまして、飲み会には参加できません。

오늘은 일이 남아서, 회식에 참석하기 어렵습니다.

» その商品が良いと思います。デザインが素敵だと思いまして。

그 상품이 좋다고 생각합니다. 디자인이 마음에 들어서요.

» 上司： どうして遅れたんですか？

왜 늦었습니까?

部下： 申し訳ございません。急に用事ができまして、対応していたら思ったより時間がかかってしまいました。

죄송합니다. 갑자기 볼일이 생겨서 처리하다 보니 생각보다 시간이 오래 걸렸습니다.

» 上司： 今回のプロジェクト、誰に任せるべきかな。

이번 프로젝트, 누구에게 맡기는 게 좋을까?

部下： もしよろしければ、今回は私にさせてください。頑張ります！

괜찮으시다면, 이번에는 제가 하게 해 주십시오. 열심히 하겠습니다!

» 同僚1： はあ、最近何やってもうまくいかなあ。なんでこんなに、ついてないんでしょうか。

하아... 요즘 뭘 해도 잘 안 돼. 왜 이렇게 운이 없을까.

同僚2： よかったら、話を聞かせてください。力になりたいです。

괜찮다면, 이야기 좀 들려줘. 힘이 되어주고 싶어.

» 先輩： このイベント、準備がちょっと大変で。

이번 이벤트 준비가 좀 힘들어서.

後輩： 先輩、私が役に立つかわかりませんが、よかったら私にも手伝わせてください！

선배님, 제가 도움이 될지는 모르겠지만 괜찮으시다면 저도 도와드리게 해주세요!

🔊 問題 3

あなたは会社員です。仲の良い後輩が、仕事で失敗をして、会社を辞めたいと話しています。会社を辞めないように説得しましょう。

당신은 회사 직원입니다. 친하게 지내는 후배가 업무에서 실수를 해서 회사를 그만두고 싶다고 말하고 있습니다. 후배가 회사를 그만두지 않도록 설득해 봅시다.

✏️ 解答例

失敗すると、本当に落ち込んでしまうよね。私も以前、同じような経験をしたことがあるから、その気持ちはよくわかるよ。でも、これまで一生懸命取り組んできた努力は、ちゃんと周りの人たちが見てるし、ここで諦めてしまうのはもったいないと思うんだ。失敗は成長のチャンスでもあるし、もう一度チャレンジしてみない？もし何か困ったことや悩みがあったら、いつでも遠慮なく話して。できるかぎり、力になりたいと思っているよ。

실패하면 정말 낙담하게 되지. 나도 예전에 비슷한 경험을 한 적이 있어서 그 마음을 잘 이해해. 하지만 지금까지 열심히 노력해 온 것들은 분명 주변 사람들이 보고 있으니까, 여기서 포기하는 건 아까운 일이라고 생각해. 실패는 성장할 수 있는 기회이기도 하고, 다시 한 번 도전해 보는 건 어때? 혹시 어려운 일이나 고민이 있으면 언제든지 부담 갖지 말고 이야기해 줘. 내가 할 수 있는 한, 힘이 되어주고 싶어.

» 部下：　今回の企画ですが、少し進め方を変えた方がいいと思うんです。

이번 기획인데요, 진행 방식을 조금 바꾸는 게 좋을 것 같습니다.

上司：　そうか。じゃあ、具体的に教えてくれるかな。

그래? 그럼 구체적으로 어떻게 하면 좋을지 알려줄래?

» 同僚1：次のイベントは10代や 20 代の若者をターゲットにしたいと思うんです。

다음 이벤트는 10대나 20대의 젊은 층을 타깃으로 하고 싶어요.

同僚2：それはいい考えですね。一度、課長に相談してみましょう。

좋은 생각이네요. 한 번 과장님께 상의해 봅시다.

» 友人1：これ、少し塩が足りないと思うんだ。

이거, 소금이 좀 부족한 것 같아.

友人2：本当？私は砂糖が足りないと思うんだけど…。

정말? 나는 설탕이 부족한 것 같은데...

캐주얼·가벼운 표현 ← 기본 표현 → 포멀·공손한 표현		
・頑張って ・大丈夫だよ ・次はうまくいくよ	・頑張っていきましょう ・次はきっと成功します ・応援しています	・今後も応援いたします ・きっと良い方向に向かうはずです

» **先輩：** 今回の試合、思ったような結果が出なかった。

이번 경기, 생각했던 만큼 결과가 나오지 않았어.

後輩： 結果は残念でしたけど、今後も応援いたします。

결과는 아쉬웠지만, 앞으로도 응원할게요.

» **同僚1：** またミスしちゃいました。自分が嫌になりますよ。

또 실수했어요. 나 자신이 싫어지네요.

同僚2： そんなこと言わないでください。失敗は誰でもしますから。次はきっと成功しますよ。

그런 말 하지 마세요. 실패는 누구나 하니까요. 다음에는 꼭 성공할 거예요.

» **友達1：** 試験の点が思ったより悪かった。

시험 점수가 생각보다 안 좋았어.

友達2： 残念だったね。次はうまくいくよ。

아쉽겠다. 다음에는 잘 될 거야.

7部

第12課 連続した絵①
스토리 구성①

답변 준비시간	30초	답변 시간	90초	문제	1문제
유형 파악	✔ 그림을 보지 않은 사람이 들어도 상상할 수 있게 말하기 ✔ 등장인물의 표정을 잘 살펴보기				

練習問題

▶ 問題 1

❶

❷

❸

❹

✏️ 解答例

❶ スーツを着ている **男** の人がスーツケースを引いて、空港内を歩いています。**男** の人の **表情** は
とても自信に満ちていて、これから始まることに何か期待を抱いている**ようです。** 背景には飛
行機が見えるので、今から **出 張** に行く**ところのようです。**

정장을 입은 남자가 캐리어를 끌며 공항 안을 걷고 있습니다. 남자의 표정은 자신감으로 가득 차 있으며, 이제 시작될
일에 대해 무언가 기대를 품고 있는 것 같습니다. 배경에는 비행기가 보이고, 출장을 가는 길인 것 같습니다. 배경에 비
행기가 보이는 것으로 보아, 지금 막 출장을 가려는 것 같습니다.

❷ しかし、**男** の人の **表情** が一気に変わります。とても慌てています。**男** の人はチェックカウン
ターの前で、何かを探しています。ジャケットのポケットに入っているはずのものを**出そうと**
しますが、どこを探してもありません。**男** の人は口を大きく開けて「まさか！」という驚き
の **表情** をしています。おそらく、チケットまたはパスポートがない**ようです。**

그러나 남자의 표정이 순식간에 달라집니다. 매우 당황하고 있습니다. 그는 체크인 카운터 앞에서 무엇인가를 찾고 있
습니다. 재킷 주머니에 있어야 할 물건을 꺼내 보려고 하지만, 어디를 찾아봐도 없습니다. 남자는 입을 크게 벌리고 '설
마!'라는 놀란 표정을 짓고 있습니다. 아마도 비행기 티켓이나 여권이 없는 것 같습니다.

❸ 男の人はカウンターを離れて、どこかに電話をかけ始めます。男の人はスマホを耳に当てて、非常に困ったような表情をしています。とてもがっかりして見えるので、何か深刻な問題がある**ようです**。

남자는 카운터에서 벗어나 어딘가로 전화를 걸기 시작합니다. 그는 스마트폰을 귀에 대고 매우 곤란한 표정을 짓고 있습니다. 몹시 실망해 보이는 것으로 보아, 무슨 심각한 문제가 있는 것 같습니다.

❹ 突然、一人の幼い男の子が男の人のところにやってきます。男の子は男の人にパスポートのようなものを渡しています。男の人はそれを嬉しそうに**受け取ろうとしています**。そして、男性の表情はとてもホッとしている**ように**見えます。男の人はこんな失敗はしないと考えました。

갑자기 한 어린 남자아이가 남자에게 다가옵니다. 남자아이는 남자에게 여권처럼 보이는 것을 건네고 있습니다. 남자는 그것을 기쁜 듯이 받으려고 하고 있습니다. 그리고 남자의 표정은 매우 안도한 모습으로 보입니다. 남자는 이런 실수는 하지 않을 거라고 생각했습니다.

추측 (~ようだ)

» 男性は昨日あまり寝ていない**ようで**、とても眠そうです。

남자는 어제 잠을 잘 못 잔 것 같아서 매우 졸려 보입니다.

» 店の前に人が並んでいます。この店は人気な**ようです**。

가게 앞에 사람들이 줄을 서 있습니다. 이 가게는 인기가 많은 것 같습니다.

» 外車に乗っているので、お金持ちの**ようです**。

외제차를 타고 있어서 부자인 것 같습니다.

» おばあさんは疲れている**ように**見えます。

할머니는 피곤해 보입니다.

직전, 진행, 직후 (〜ところ)

» 男の人は今から家を出る**ところ**です。

남자는 지금 집을 나가려는 참입니다.

» 今から会議に参加する**ところ**なので、会議が終わったら連絡します。

지금 회의에 참가하려는 참이라서, 회의가 끝나면 연락드리겠습니다.

» 晩ご飯の準備をしている**ところ**です。

저녁 식사를 준비하고 있는 중입니다.

» 今バスを降りた**ところ**なので、あと５分ぐらいで着きます。

지금 막 버스에서 내린 참이라서, 약 5분 정도 후에 도착할 것 같습니다.

~하려고 하다 (〜ようとする)

» おばあさんが横断歩道を**渡ろうとしています**。

할머니가 횡단보도를 건너려고 하고 있습니다.

» 家に**帰ろうとしたら**、上司に呼ばれました。

집에 가려고 했더니 상사가 불렀습니다.

» 子どもが本棚の上にある本を**取ろうとして**いています。

아이가 책장 위에 있는 책을 가져오려고 하고 있습니다.

問題 2

1

2

3

❹

解答例

❶ 女の人が棚の中からカップ麺を取り出そうとしています。お腹が空いているようで、とても嬉しそうに見えます。棚の中には様々な食材が並んでいて、彼女はその中からカップ麺を選びました。これから軽く食べようとしています。

여자가 선반 안에서 컵라면을 꺼내려고 하고 있습니다. 배가 고픈 듯해서 아주 기뻐 보입니다. 선반 안에는 여러 가지 식재료가 진열되어 있고, 그녀는 그 중에서 컵라면을 골랐습니다. 이제 가볍게 먹으려고 하고 있습니다.

❷ 時計が１２時を指していることから、昼ご飯の時間だということがわかります。女の人はカップ麺を作るために、やかんから熱いお湯をカップに注いでいます。その表情はとても穏やかで、準備が順調に進んでいることがよくわかります。

시계가 12시를 가리키고 있는 것으로 보아, 딱 점심시간이라는 것을 알 수 있습니다. 여자는 컵라면을 만들기 위해 주전자에서 뜨거운 물을 컵에 붓고 있습니다. 그녀의 표정은 매우 온화하며, 준비가 순조롭게 진행되고 있다는 것이 잘 드러납니다.

❸ カップ麺ができあがるまで少し時間があるので、女の人はスマホを見始めます。カップ麺のことをすっかり忘れて、スマホに夢中になっているようです。とても楽しそうなので、何やらおもしろい動画を見ているようです。

컵라면이 완성될 때까지 조금 시간이 남아서, 여자는 스마트폰을 보기 시작합니다. 라면 생각은 완전히 잊은 채 스마트폰에 푹 빠져 있는 것 같습니다. 아주 즐거워 보이므로, 뭔가 재미있는 영상을 보고 있는 것 같습니다.

❹ 時間はもう１２時３０分を指しています。女の人はカップ麺にお湯を入れたまま、スマホを見続けていました。カップ麺のことをうっかり忘れていたようです。思い出した瞬間、麺が伸びたことに気がついて、「しまった」という表情をしています。

시간은 이미 12시 30분을 가리키고 있습니다. 여자는 컵라면에 뜨거운 물을 넣은 채 스마트폰을 계속 보고 있었습니다. 컵라면을 깜빡 잊고 있었던 것 같습니다. 기억해낸 순간, 면이 불어난 것을 깨닫고 '아차!' 하는 표정을 짓고 있습니다.

» 子どもはとても怖がっていて、泣きそうです。

아이가 아주 무서워해서 울 것 같습니다.

» ケガが治って、とても元気そうです。

상처가 나아서 아주 건강해 보입니다.

» 目の前においしそうな料理があります。

눈앞에 맛있어 보이는 요리가 있습니다.

» 冬なのに半そでを着ていて、とても寒そうに見えます。

겨울인데 반팔을 입고 있어서 아주 추워 보입니다.

□ じっと 가만히

» 彼は試験用紙をじっと見ていました。

그는 시험지를 가만히 보고 있었습니다.

□ きちんと 제대로

» 答案用紙にはきちんと名前を書きましょう。

답안지에는 이름을 제대로 써 둡시다.

□ うっかり 그만

» うっかり、家に財布を置いてきてしまいました。

그만 집에 지갑을 두고 와 버렸습니다.

□ すっきり 깔끔히

» 掃除をしたので、部屋がすっきりしました。

청소를 했더니 방이 깔끔해졌습니다.

~대로 (〜まま)

» 電気をつけた**まま**、家を出てしまいました。

전등을 켠 채로 집을 나와 버렸습니다.

» エアコンを消さない**まま**、寝てしまった。

에어컨을 끄지 않은 채로 잠들어 버렸습니다.

» 使わなかったので、きれいな**まま**です。

사용하지 않아서 깨끗한 상태 그대로입니다.

» 笑った顔は、子どものときの**まま**ですね。

웃는 얼굴은 어린 시절 그대로네요.

第13課 連続した絵②

스토리 구성②

답변 준비시간	30초	답변 시간	90초	문제	1문제
유형 파악	✔ 그림을 보지 않은 사람이 들어도 상상할 수 있게 말하기 ✔ 등장인물의 표정을 잘 살펴보기				

練習問題

問題 1

①    **②**    **③**    **④** 

①

②

❸

❹

❶ 一人の女性が笑顔で街の中を歩いています。笑っているので、とても気分がよさそうに見えます。女性は赤いワンピースを着ています。今日は何か約束があるのか、とても 表情 が明るいです。

한 여성이 웃는 얼굴로 거리를 걷고 있습니다. 미소를 짓고 있어서 기분이 아주 좋아 보입니다. 그녀는 빨간 원피스를 입고 있습니다. 오늘 무슨 약속이라도 있는지 표정이 매우 밝습니다.

❷ 女性が街を歩いていると、通行人たちが女性に注目をし始めます。ある一人の男性は女性に手を挙げて、何か話したそうにも見えます。女性はその目線が嫌ではないようで、気分よく街を**歩き続けます。**

여성이 거리를 걷고 있자 사람들의 시선이 그녀에게 향하기 시작합니다. 한 남성은 그녀에게 손을 들어 어떤 말을 하고 싶은 듯 보입니다. 여성은 그런 시선이 싫지 않은 듯하며 기분 좋게 거리를 계속 걸어갑니다.

❸ 女性は笑顔のまま街を歩いています。**すると**、ある子どもが女の人のところに近づいてきます。そして、子どもが女性のワンピースを指しながら、何か話しています。なぜか子どもは少し笑っている**ように見えます**。

여성은 미소를 지은 채 거리를 걷고 있습니다. 그러자 한 아이가 그녀에게 다가옵니다. 그리고 아이는 여성의 원피스를 가리키며 무언가를 말하고 있습니다. 왜인지 아이는 조금 웃고 있는 듯 보입니다.

❹ 子どもが指した方向を見ると、**なんと**ワンピースに値札がついたままでした。女の人は急に恥ずかしくなってしまいます。街の人たちはおしゃれを褒めているのではなく、この値札に気づいて注目していたことに気が付きます。これをきっかけに、家を出る前は服の確認をちゃんとしようと思いました。

아이가 가리킨 방향을 보니, 원피스에 가격표가 그대로 달려 있었습니다. 여자는 갑자기 너무 부끄러워졌습니다. 거리의 사람들이 그녀의 패션을 칭찬한 것이 아니라, 이 가격표를 보고 주목하고 있었다는 것을 깨닫게 됩니다. 이 일을 계기로 집을 나서기 전에 옷을 제대로 확인해야겠다고 생각했습니다.

~하기 시작하다 · 계속 ~하다 (～始める · ～続ける)

» 子どもたちはおもしろい話を聞いて、笑い**始めました**。

아이들은 재미있는 이야기를 듣고 웃기 시작했습니다.

» 午後になって、急に雨が降り**始めました**。

오후가 되자 갑자기 비가 내리기 시작했습니다.

» 赤ちゃんは夜中ずっと泣き**続けました**。

아기는 밤새 계속 울었습니다.

» 諦めないで、努力をし**続けた**のでいい結果が出ました。

포기하지 않고 계속 노력했기 때문에 좋은 결과가 나왔습니다.

이야기의 변화, 전개（物語の変化、展開）

□ **すると** 그러자

» **ドアを開けました。すると**猫が飛び出してきました。

문을 열었습니다. 그러자 고양이가 뛰어나왔습니다.

□ **ところが** 그런데

» **彼は私より若いと思っていました。ところが**実際は私より5歳上でした。

그는 저보다 어리다고 생각했습니다. 그런데 실제로는 저보다 5살 많았습니다.

□ **なんと** 무려

» **この絵はなんと**1億円の価値があるそうです。

이 그림은 무려 1억 엔의 가치가 있다고 합니다.

~처럼 보이다 (〜ように見える)

» **おばあさんは疲れているように見えます。**

할머니는 피곤해 보입니다.

» **彼は自信があるように見える**が、実際はとても弱気です。

그는 자신 있어 보이지만, 실제로는 매우 소극적입니다.

» **彼女は学生のように見えます**が、実は学校の先生です。

그녀는 학생처럼 보이지만, 사실 학교 선생님입니다.

練習問題

◀ 問題 2

1

2

3

✒ 解答例

❶ お父さん、お母さん、息子さんの三人が動物園に遊びに来ています。背景にはキリンや他の動物が見えます。三人はとても楽しそうで、動物園を満喫しているようです。

아버지, 어머니, 아들 세 사람이 동물원에 놀러 왔습니다. 배경에는 기린과 다른 동물들이 보입니다. 세 사람은 매우 즐거워 보이고, 동물원을 마음껏 즐기는 것 같습니다.

---

❷ お父さんは息子の写真を撮ろうとスマホを取り出します。そのとき、息子の帽子がないことに気がつきます。お父さんはとても驚いた顔をしていて、息子は少し悲しそうな表情をしています。少し前までは赤い帽子をかぶっていたのに、今はどこにも見当たりません。

아버지는 아들의 사진을 찍으려고 스마트폰을 꺼냅니다. 그때, 아들의 모자가 없다는 것을 깨닫습니다. 아버지는 매우 놀란 얼굴을 하고 있고, 아들은 조금 슬퍼 보이는 표정을 하고 있습니다. 조금 전까지만 해도 빨간 모자를 쓰고 있었는데, 지금은 어디에도 보이지 않습니다.

---

❸ そこで、家族みんなで帽子を探し始めます。地面に落ちているかなと思い、下を見ながら一生懸命探します。しかし、帽子はなかなか見つかりません。

그래서 가족 모두가 모자를 찾기 시작합니다. 땅에 떨어졌을까 하고, 아래를 보며 열심히 찾습니다. 하지만 모자는 좀처럼 찾을 수 없습니다.

---

❹ もう無理かなと思ったそのとき、ついに息子の帽子をみつけました。なんと、動物園のサルがその帽子をかぶっていました。三人はうれしいと同時に、とても驚きました。この日は家族にとって、忘れられない日になりました。

이제 그만 포기해야 하나 하고 생각한 그때, 마침내 아들의 모자를 발견했습니다. 놀랍게도, 동물원의 원숭이가 그 모자를 쓰고 있었습니다. 세 사람은 기쁘면서도 아주 놀랐습니다. 이 날은 가족에게 잊을 수 없는 하루가 되었습니다.

□ お父さん（父）　□ お母さん（母）　□ 息子さん（息子）　□ 娘さん（娘）
아버지　　　　　어머니　　　　　아들　　　　　　　딸

□ お兄さん（兄）　□ お姉さん（姉）　□ 弟さん（弟）　□ 妹さん（妹）
형　　　　　　　언니　　　　　　　남동생　　　　　여동생

□ おじいさん（祖父）　□ おばあさん（祖母）　□ お孫さん（孫）
할아버지　　　　　　　할머니　　　　　　　　손자/손녀

» 私の祖父と父は顔も性格もとても似ています。

저의 할아버지와 아버지는 얼굴과 성격이 매우 닮았습니다.

의문사 + も

□ どこにも 어디에도

» どこにも座る場所がなくて、立ったままいます。

어디에도 앉을 자리가 없어서 서 있는 상태입니다.

□ 何も 아무것도

» 彼は怒って、何も言わないで出ていきました。

그는 화가 나서 아무 말도 하지 않고 나갔습니다.

□ 誰も 아무도

» 誰も彼の近況を知らないでいます。

아무도 그의 근황을 모르고 있습니다.

□ いつも 항상

» 朝はバタバタするので、いつも朝ご飯を食べる時間がありません。

아침에는 바빠서 항상 아침을 먹을 시간이 없습니다.

» 食後はいつも近所の公園で散歩をするようにしています。

식사 후에는 항상 근처 공원에서 산책을 하려고 합니다.

□ 嬉しい　□ 悲しい　□ 怒る　□ 寂しい　□ 安心する　□ ホッとする　□ 緊張する
기쁘다　슬프다　화나다　외롭다　안심하다　안도하다　긴장하다

□ 楽しい　□ 驚く　□ 照れる　□ 困る　□ 慌てる　□ 悔しい　□ 嫉妬する
즐겁다　놀라다　부끄러워하다　곤란하다　허둥대다　억울하다　질투하다

□ がっかりする　□ 満喫する　□ 満足する　□ 懐かしい　□ 焦る
실망하다　만끽하다　만족하다　그립다　초조하다

総合演習 ①
종합 연습 ①

第2・3・4部　第2部 簡単な応答

ここでは絵を見ながら、質問に答えてください。発信音の後の応答時間は6秒です。

여기에서는 그림을 보면서 질문에 답해 주세요. 발신음 이후의 응답 시간은 6초입니다.

🔔 **답변 준비시간 3초**　🔔 **답변시간 6초**

🔊 問題 1	4月 20日	🔊 問題 2	
🔊 問題 3	TEL 1234-5678	🔊 問題 4	
🔊 問題 5	試験 1+2=? ○a.2 ○b.3 ○c.4 ○d.5	🔊 問題 6	
🔊 問題 7		🔊 問題 8	

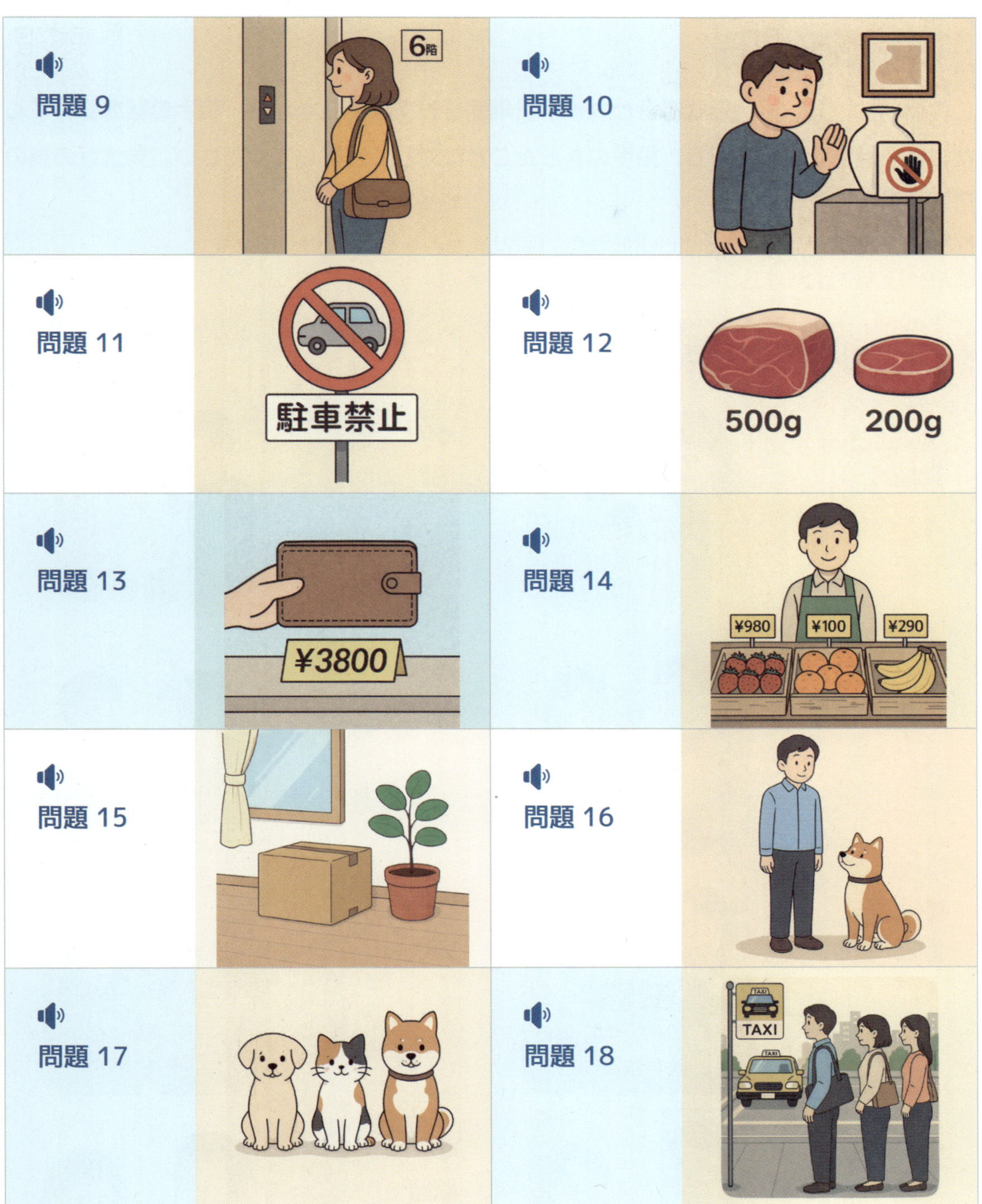

問題 9

問題 10

問題 11

問題 12

問題 13

問題 14

問題 15

問題 16

問題 17

問題 18

この問題は、短い対話形式で行われます。場面を表す絵を見ながら、相手の話を聞いてください。発信音がなったら、相手の言ったことに対して返答してください。発信音の後の応答時間は15秒です。

이 문제는 짧은 대화 형식으로 진행됩니다. 상황을 나타내는 그림을 보면서 상대의 말을 들으세요.
신호음이 울리면, 상대가 말한 것에 대해 대답하세요. 신호음 이후의 응답 시간은 15초입니다.

🔔 답변 준비시간 2초　🔔 답변시간 15초

🔊 問題 1

🔊 問題 2

🔊 問題 3

🔊 問題 4

🔊 問題 5

🔊 問題 6

🔊 問題 7

🔊 問題 8

第4部 短い応答

ここでは、身近な話題の質問について答えてください。発信音の後の応答時間は25秒です。

여기에서는 일상적인 주제의 질문에 답해주세요. 신호음 이후의 응답 시간은 25초입니다.

🔊 問題 1　　🔔 답변 준비시간 15초　🔔 답변시간 25초

あなたは歌が上手ですか。簡単に説明してください。

🔊 問題 2　　🔔 답변 준비시간 15초　🔔 답변시간 25초

あなたは定期的に家の大掃除をしますか。簡単に説明してください。

🔊 問題 3　　🔔 답변 준비시간 15초　🔔 답변시간 25초

本を読むとき、電子書籍を読みますか。それとも紙の本を読みますか。簡単に説明してください。

🔊 問題 4　　🔔 답변 준비시간 15초　🔔 답변시간 25초

ドラマと映画、どちらが好きですか。簡単に説明してください。

🔊 問題 5　　🔔 답변 준비시간 15초　🔔 답변시간 25초

あなたは悩みがあったら誰に話しますか。簡単に説明してください。

🔊 問題 6　　🔔 답변 준비시간 15초　🔔 답변시간 25초

最近、怒ったのはいつですか。簡単に説明してください。

第5・6・7部　第5部 長い応答

ここでは、様々な話題の質問についてあなたの意見を述べてください。発信音の後の応答時間は50秒です。

여기에서는 다양한 주제의 질문에 대해 당신의 의견을 말해주세요. 발신음 이후의 응답 시간은 50초입니다.

問題 1　　　답변 준비시간 30초　　답변시간 50초

ある国では小学生にスマホを持たせることが一般的になっています。あなたはこの傾向に賛成ですか、反対ですか。あなたの考えを話してください。

問題 2　　　답변 준비시간 30초　　답변시간 50초

多くの会社でリモートワークを導入していますが、リモートワークのメリットは何ですか。あなたの考えを話してください。

問題 3　　　답변 준비시간 30초　　답변시간 50초

AI技術の発展は仕事の質を向上させると同時に倫理的な課題も生み出すと言われています。あなたはこのことについてどう思いますか。あなたの考えを話してください。

問題 4　　　답변 준비시간 30초　　답변시간 50초

企業が地球環境と利益の両立を実現するためには、どのような経営戦略が重要だと考えますか。あなたの考えを話してください。

第6部 場面設定

この問題は、場面設定が絵と説明文で示されます。場面の状況に応じて話してください。発信音の後の応答時間は40秒です。

이 문제는 그림과 설명문으로 상황 설정이 제시됩니다. 상황에 맞게 말씀해 주세요. 신호음 이후의 응답 시간은 40초입니다.

🔊 問題 1

あなたは来週、取引先の企業とプレゼンテーションの予定があります。しかし、社内の都合で日程を変更しなければならなくなりました。相手に変更を依頼し、日程を変更してください。

🔊 問題 2

あなたは大学院生で、指導教授の研究室を訪ねています。あなたは論文にフィードバックをもらいたいと思っています。お願いをしてください。

🔊 問題 3

予約していたレストランの席に案内されました。しかし、予約していた窓側の席ではない席に通されました。店の人に説明し解決してください。

🔊 問題 4

あなたは友達に海に行こうと誘われましたが、具合がよくありません。友達に電話をかけ状況を説明し、うまく断ってください。

ここでは、連続した４つの絵を描写します。絵を見た後に、その絵のストーリーを説明してください。

여기에서는 연속된 네 개의 그림을 묘사합니다. 그림을 본 후, 그 그림의 이야기를 설명해 주세요.

🔔 답변 준비시간 30초　　🔔 답변시간 90초

🔊 問題 1

では、今からこの連続した４つの絵にどんなことが描かれているか説明してください。発信音の後の応答時間は90秒です。

그럼 지금부터 이 연속된 네 개의 그림에 어떤 내용이 그려져 있는지 설명해 주세요. 신호음 이후의 응답 시간은 90초입니다.

🔊 問題 2

では、今からこの連続した４つの絵にどんなことが描かれているか説明してください。発信音の後の応答時間は90秒です。

그럼 지금부터 이 연속된 네 개의 그림에 어떤 내용이 그려져 있는지 설명해 주세요. 신호음 이후의 응답 시간은 90초입니다.

模擬テスト
모의 테스트

第1部 自己紹介

ここでは、4つの質問に答えてください。発信音の後の応答時間は10秒です。

🔊 **問題 1**　　　　　　🔔 답변 준비시간 없음　🔔 답변시간 10초

お名前は何とおっしゃいますか。

発信音＿＿＿＿＿＿＿10秒＿＿＿＿＿＿＿終わりです。

🔊 **問題 2**　　　　　　🔔 답변 준비시간 없음　🔔 답변시간 10초

どこに住んでいますか。

発信音＿＿＿＿＿＿＿10秒＿＿＿＿＿＿＿終わりです。

🔊 **問題 3**　　　　　　🔔 답변 준비시간 없음　🔔 답변시간 10초

誕生日はいつですか。

発信音＿＿＿＿＿＿＿10秒＿＿＿＿＿＿＿終わりです。

🔊 **問題 4**　　　　　　🔔 답변 준비시간 없음　🔔 답변시간 10초

趣味は何ですか。

発信音＿＿＿＿＿＿＿10秒＿＿＿＿＿＿＿終わりです。

ここでは、絵を見ながら、質問に答えてください。問題は4つあります。発信音の後の応答時間は6秒です。

🔔 답변 준비시간 3초　🔔 답변시간 6초

🔊 問題 1

（3秒）発信音＿＿＿＿＿＿＿＿6秒＿＿＿＿＿＿＿＿終わりです。

🔊 問題 2

（3秒）発信音＿＿＿＿＿＿＿＿6秒＿＿＿＿＿＿＿＿終わりです。

🔊 問題 3

（3秒）発信音＿＿＿＿＿＿＿＿6秒＿＿＿＿＿＿＿＿終わりです。

🔊 問題 4

（3秒）発信音＿＿＿＿＿＿＿＿6秒＿＿＿＿＿＿＿＿終わりです。

この問題は、短い対話形式で行われます。問題は5つあります。場面を表す絵を見な
がら、相手の話を聞いてください。発信音がなったら、相手の言ったことに対して返
答してください。発信音の後の応答時間は15秒です。

🔔 답변 준비시간 2초　🔔 답변시간 15초

🔊 問題 1

（2秒）発信音＿＿＿＿＿＿＿15秒＿＿＿＿＿＿＿終わりです。

🔊 問題 2

（2秒）発信音＿＿＿＿＿＿＿15秒＿＿＿＿＿＿＿終わりです。

🔊 問題 3

（2秒）発信音＿＿＿＿＿＿＿15秒＿＿＿＿＿＿＿終わりです。

（2秒）発信音＿＿＿＿＿＿＿15秒＿＿＿＿＿＿＿終わりです。

（2秒）発信音＿＿＿＿＿＿＿15秒＿＿＿＿＿＿＿終わりです。

ここでは、身近な話題の質問について答えてください。問題は5つあります。発信音の後の応答時間は25秒です。

🔊 問題 1　　　　　🔔 답변 준비시간 15초　🔔 답변시간 25초

あなたは最近手紙をもらったことがありますか。簡単に説明してください。

（15秒）発信音＿＿＿＿＿＿＿＿25秒＿＿＿＿＿＿＿＿終わりです。

🔊 問題 2　　　　　🔔 답변 준비시간 15초　🔔 답변시간 25초

あなたはスケジュール管理を手帳でしますか。ケータイでしますか。簡単に説明してください。

（15秒）発信音＿＿＿＿＿＿＿＿25秒＿＿＿＿＿＿＿＿終わりです。

🔊 問題 3　　　　　🔔 답변 준비시간 15초　🔔 답변시간 25초

あなたは一人暮らしを始めるのに良いと思う時期はいつですか。簡単に説明してください。

（15秒）発信音＿＿＿＿＿＿＿＿25秒＿＿＿＿＿＿＿＿終わりです。

🔊 問題 4　　　　　🔔 답변 준비시간 15초　🔔 답변시간 25초

あなたは音楽をよく聴く方ですか。簡単に説明してください。

（15秒）発信音＿＿＿＿＿＿＿＿25秒＿＿＿＿＿＿＿＿終わりです。

🔊 問題 5　　　　　🔔 답변 준비시간 15초　🔔 답변시간 25초

あなたが最もよく利用する公共交通機関は何ですか。簡単に説明してください。

（15秒）発信音＿＿＿＿＿＿＿＿25秒＿＿＿＿＿＿＿＿終わりです。

ここでは、様々な話題の質問についてあなたの意見を述べてください。問題は4つあります。発信音の後の応答時間は50秒です。

🔊 問題 1　　　　　　　　　　🔔 답변 준비시간 30초　🔔 답변시간 50초

副業や兼業が一般化しつつありますが、これが個人のキャリア形成にどのようなメリットとデメリットをもたらすと思いますか。あなたの考えを話してください。

（30秒）発信音＿＿＿＿＿＿＿50秒＿＿＿＿＿＿＿終わりです。

🔊 問題 2　　　　　　　　　　🔔 답변 준비시간 30초　🔔 답변시간 50초

AI面接の長所と短所には何があると思いますか。あなたの考えを話してください。

（30秒）発信音＿＿＿＿＿＿＿50秒＿＿＿＿＿＿＿終わりです。

🔊 問題 3　　　　　　　　　　🔔 답변 준비시간 30초　🔔 답변시간 50초

義務教育の場でプログラミングなどのIT教育をさらに強化すべきだという意見があります。これが子どもの将来にどんな影響を与えると思いますか。あなたの考えを話してください。

（30秒）発信音＿＿＿＿＿＿＿50秒＿＿＿＿＿＿＿終わりです。

🔊 問題 4　　　　　　　　　　🔔 답변 준비시간 30초　🔔 답변시간 50초

エコ商品は一般的な商品よりも値段が高くなる傾向があります。消費者が環境コストを負担することについてどう思いますか。あなたの考えを話してください。

（30秒）発信音＿＿＿＿＿＿＿50秒＿＿＿＿＿＿＿終わりです。

この問題は、場面設定が絵と説明文で示されます。場面の状況に応じて話してください。問題は3つあります。発信音の後の応答時間は40秒です。

🔔 답변 준비시간 30초　🔔 답변시간 40초

🔊 問題 1

あなたはどうしても行きたいコンサートがありますが、チケットの予約日には授業があります。友達に電話をかけ、自分のかわりにチケットの予約をしてほしいとお願いしてください。

（30秒）発信音＿＿＿＿＿＿　40秒　＿＿＿＿＿＿終わりです。

🔊 問題 2

あなたは大学を卒業してから、アメリカの大学院に進学したいと考えています。アメリカで勉強したことのある先輩にアドバイスを求めてください。

（30秒）発信音＿＿＿＿＿＿　40秒　＿＿＿＿＿＿終わりです。

🔊 問題 3

あなたは上司と一緒に参加するつもりだった会議に寝坊で遅刻してしまいました。上司に電話をかけ、謝罪をし、会議に途中参加すべきか指示をもらってください。

（30秒）発信音＿＿＿＿＿＿　40秒　＿＿＿＿＿＿終わりです。

ここでは、連続した4つの絵を描写します。絵を見た後に、その絵のストーリーを説明してください。まず、次の4つの絵を見てください。

🔔 답변 준비시간 30초　　🔔 답변시간 90초

🔊 問題 1

では、今からこの連続した4つの絵にどんなことが描かれているか説明してください。発信音の後の応答時間は90秒です。

（5秒）発信音＿＿＿＿＿＿＿＿90秒＿＿＿＿＿＿＿＿終わりです。

모범 답안 및 해설

第2部 簡単な応答

문제 1

きょう　なんがつなんにち
今日は何月何日ですか。

오늘은 며칠이에요?

답안

きょう
今日はしがつはつかです。

오늘은 4월 20일입니다.

해설

しがつ
4月は よんがつ×しげつ×
はつ か
20日は 「にじゅうにち」이라고 불러도 상관없지만, 날짜의 경우에는 「はつか」가 일반적입니다.

TIP

헷갈리기 쉬운 날짜는 제대로 외워 두도록 합니다.
「7月(しちがつ)」「9月(くがつ)」나「1日(ついたち)」「2日(ふつか)」「3日(みっか)」와 같은 것들입니다.

문제 2

なんぼん
ペンは何本ありますか。

펜이 몇 개 있어요?

답안

さんぼん　　　　くろ　あか　あお
3本あります。黒と赤と青のペンです。

세 자루 있어요. 검정색과 빨간색과 파란색 펜입니다.

해설

「ペンが3本あります」라고만 하면 레벨 5를 받기 어렵습니다. 단순히 정보 전달을 넘어 더욱 풍부하고 자연스러운 표현이나 구체적인 정보를 더하는 것이 중요합니다.

문제 3

<ruby>店<rt>みせ</rt></ruby>の<ruby>電話番号<rt>でんわばんごう</rt></ruby>は<ruby>何番<rt>なんばん</rt></ruby>ですか。

가게 전화번호는 몇 번이에요?

답안

いちにさんよんのごろくななはちです。

일이삼사 오륙칠팔입니다.

해설

발음은「いちにーさんよんのごーろくななはちです」
전화 번호를 말할 때는 4 는「し」보다「よん」이 일반적이며, 7은「しち」보다
「なな」가 더 잘 사용됩니다.「ー」의 부분은「の」라고 발음합니다.

문제 4

これは<ruby>何<rt>なん</rt></ruby>ですか。

이것은 무엇입니까?

답안

パソコンのキーボードです。<ruby>黒<rt>くろ</rt></ruby>くて<ruby>大<rt>おお</rt></ruby>きいです。

이것은 컴퓨터 키보드입니다.

해설

상태를 나열할 때 い형용사의 경우「くて」를 사용합니다.
「<ruby>黒<rt>くろ</rt></ruby>い」는 '검다',「<ruby>大<rt>おお</rt></ruby>きい」는 '크다' 입니다.

문제 5

<ruby>問題<rt>もんだい</rt></ruby>は<ruby>難<rt>むずか</rt></ruby>しいですか。

문제가 어렵습니까?

답안

<ruby>難<rt>むずか</rt></ruby>しくないです。とてもやさしいです。

어렵지 않습니다. 매우 쉽습니다.

해설

い형용사를 부정할 때는「くないです」또는「くありません」를 사용해야 합
니다.「やさしい」대신「<ruby>簡単<rt>かんたん</rt></ruby>だ」를 사용해도 좋습니다.

へや
部屋はきれいですか。

방은 깨끗합니까?

へや　きたな
きれいじゃないです。部屋は 汚 いです。

깨끗하지 않습니다. 방은 더럽습니다.

な형용사를 부정할 때는「じゃないです（じゃありません）」를 사용해야 합니다.
「汚い」는 '더럽다'입니다.

おとこ　ひと　なに
男 の人は何をしていますか。

남자는 무엇을 하고 있습니까?

さらあら　　　　　　　　さら　あら
皿洗いをしています。皿を洗っています。

설거지를 하고 있습니다. 접시를 씻고 있습니다.

て형을 정확하게 말하는 것이 중요합니다.
する → して　あらう → あらって

おんな　ひと　なに
女 の人は何をしていますか。

여자는 무엇을 하고 있습니까?

は　みが　　　　　　　　は　　　　　　　　も
歯を磨いています。歯ブラシとコップを持っています。

이를 닦고 있습니다. 칫솔과 컵을 들고 있습니다.

て형을 정확하게 말하는 것이 중요합니다.
みがく → みがいて　　もつ → もって

おんな ひと なんがい
女 の人は何階にいますか。

여자는 몇 층에 있습니까?

답안

いま ろっかい まえ た
今は6階にいます。エレベーターの前に立っています。

지금은 6층에 있습니다. 엘리베이터 앞에 서 있습니다.

해설

층수는 「〜階」를 사용해서 말합니다. 그리고 て형에도 주의합니다.
たつ → たって

문제 10

さわ
触ってもいいですか。

만져도 됩니까?

답안

さくひん さわ
いいえ、作品を触ってはいけません。

아니요, 작품을 만지면 안 됩니다.

해설

「てもいいですか」의 질문에는 「てもいいです」 혹은 「てはいけません」를
사용합니다. て형을 정확하게 말하는 것도 중요합니다.
さわる → さわって

문제 11

くるま と
車 を止めてもいいですか。

차를 세워도 됩니까?

답안

と ちゅうしゃきんし
止めてはいけません。ここは駐車禁止です。

세우면 안 됩니다. 여기는 주차 금지입니다.

해설

「てもいいですか」의 질문에는 「てもいいです」 혹은 「てはいけません」를
사용합니다. て형을 정확하게 말하는 것도 중요합니다.
とめる → とめて

どちらの方が重いですか。

어느 쪽이 무겁습니까?

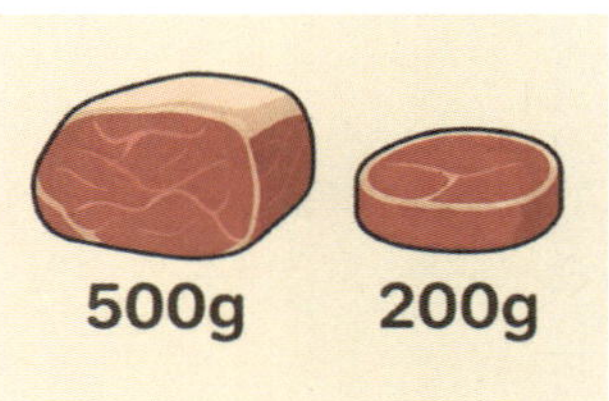

답안

左 の肉の方が重いです。肉はごひゃくグラムです。

왼쪽 고기가 더 무겁습니다. 고기는 500그램입니다.

해설

비교하는 문장에서는 「の方が」를 사용합니다. 「の方」를 생략하면 비교문이라고 알 수가 없습니다.

財布はいくらですか。

지갑은 얼마입니까?

답안

さんぜんはっぴゃく円です。茶色い財布です。

3,800엔입니다. 갈색 지갑입니다.

해설

「茶色」는 い형용사의 경우 「茶色い財布」, 명사의 경우 「茶色の財布」가 됩니다.

ここで何を売っていますか。

여기에서는 무엇을 팔고 있나요?

답안

果物を売っています。いちごとみかんとバナナを売っています。

과일을 팔고 있습니다. 딸기와 귤과 바나나를 팔고 있습니다.

해설

질문이 「売っていますか」이므로 「売っています」라고 대답합니다. 또한, 시간이 있을 경우에는 더 자세히 묘사하면 높은 점수를 얻기 쉽습니다.

はこ
箱はどこにありますか。

상자는 어디에 있습니까?

답안

まど まえ　　　　　　　　　　　はこ よこ　　　かんようしょくぶつ
窓の前にあります。箱の横には観葉植物もあります。

창문 앞에 있습니다. 상자 옆에는 관엽식물도 있습니다.

해설

<물건>은 <장소>에 있습니다. 이때「で」를 사용하지 않도록 주의하세요.
그리고 질문도「に」로 했으므로, 그것을 듣고 틀리지 않도록 합니다.

문제 16

いぬ
犬はどこにいますか。

개는 어디에 있습니까?

답안

いぬ　おとこ　ひと　　　　　　　　　おとこ　ひと　みぎ
犬は男の人のそばにいます。男の人の右にいます。

개는 남자의 곁에 있습니다. 남자의 오른쪽에 있습니다.

해설

「犬は男の人の右にいます」로 위치를 더 구체적으로 설명할 수 있습니다.

문제 17

なんびき
何匹ですか。

몇 마리입니까?

답안

さんびき　　　　　いぬ　にひき　ねこ　いっぴき
3匹います。犬が2匹、猫が1匹います。

세 마리 있습니다. 개가 두 마리, 고양이가 한 마리 있습니다.

해설

실수하기 쉬우므로 주의할 점!
「いっぴき」「にひき」「さんびき」

おとこ　ひと　なに
男 の人は何をしていますか。

남자는 무엇을 하고 있습니까?

답안

の　ば　　　　　　ま
タクシー乗り場でタクシーを待っています。

택시 승강장에서 택시를 기다리고 있습니다.

해설

「タクシー乗り場」「バス停」 등 장소 이름을 정확히 기억하는 것이 중요합니다. 또한,「まつ」과「もつ」는 헷갈리기 쉬우므로 주의해야 합니다.

第3部 敏速な応答

문제 1

あたら　　　　　　　　　か
新 しいケータイを買ったん
み
ですね。ちょっと見せてく
れませんか。

새 휴대폰을 샀군요. 잠깐 보여주시겠어요?

답안

み　　　　　　　　　　えんりょ　　　　　　み
もちろん見てもいいですよ。どうぞ遠慮しないで見てくださ
きのう　　　　　　　　　やけい　せんめい　と
い。カメラの機能がいいので、 夜景も鮮明に撮れるんです。
ようりょう　おお　　　　　　　き　　　　　か
それに容量も大きいです。それが気にいって買いました。

물론 봐도 괜찮아요. 마음껏 보세요. 카메라 기능이 좋아서 야경도 선명하게 찍을 수 있어요. 게다가 용량도 커요. 저는 그게 마음에 들어서 샀어요.

해설

단순히「はい」뿐만 아니라,「もちろん」「どうぞ」라는 말을 넣음으로써, 정중하고 적극적인 커뮤니케이션 능력을 보여줍니다. 또한「夜景も鮮明に撮れる」「容量が大きい」등 구체적인 기능에 한정하여 설명함으로써, 간결함과 설득력을 모두 갖춥니다. 마지막으로, 사게 된 이유까지 이야기하면 제대로 문장이 완결됩니다.
「撮る」가능형은「撮れる」

어휘

や けい　　　　　　せんめい　　　　　　　ようりょう
夜景：야경　　鮮明だ：선명하다　　容量：용량
き
気にいる：마음에 들다

明日、雪が降るらしいです
よ。

내일 눈이 온다고 합니다.

답안

そうなんですか。教えてくれてありがとうございます。明日
はいつもより早く家を出た方がよさそうですね。道が滑りや
すいと思いますから、転ばないように気をつけなきゃいけま
せんね。

그렇습니까. 알려주셔서 감사합니다. 내일은 평소보다 일찍 집을 나서는 편이
좋겠네요. 길이 미끄러울 테니, 넘어지지 않도록 조심하세요.

해설

제공해 주신 정보에 감사를 표시하고, 그 정보가 중요하다는 인식을 보여 주면
자연스럽습니다. 또한 실제 상황이라고 가정하고,「早く家を出た方がよさそ
うだ」「転ばないように気をつけなきゃいけませんね」같은 표현을 덧붙이
면 실제로 대화하는 느낌이 납니다.
いい＋そうだ→よさそうだ

어휘

滑る：미끄러지다　　転ぶ：넘어지다　　気をつける：조심하다

문제 3

すみません。この近くにバ
ス停はありますか。

실례합니다. 이 근처에 버스 정류장
이 있습니까?

답안

はい、ありますよ。この道をまっすぐ行って、一つ目の角を
右に曲がってください。そして、3分ぐらい歩くと、バス停
が見えますよ。大きいバス停です。

네, 있어요. 이 길을 쭉 가서, 첫 번째 모퉁이에서 오른쪽으로 돌아주세요. 그
리고 3분 정도 걸으면, 버스 정류장이 보여요. 큰 버스 정류장이에요.

해설

「一つ目の角」「3分」와 같은 표현을 넣으면 구체적이고 이해하기 쉽습니다. 또
한 마지막에 버스 정류장의 특징을 이야기하면 듣는 사람이 더 잘 이해할 수 있
는 설명이 됩니다.

어휘

一つ目：첫 번째　　ぐらい：정도　　バス停：버스 정류장

コンビニに行くけど、一緒にどう？

편의점에 가는데, 같이 갈래?

답안

いいね。行こう！実は、ちょうど小腹が空いてて、何か食べたいと思ってたんだ。ついでに何か温かい飲み物と甘い物でも買いたいなあ。早く行こう。

좋다. 가자! 사실 마침 조금 배가 고파서 뭐라도 먹고 싶었어. 가는 김에 따뜻한 음료랑 달콤한 것도 좀 사고 싶다. 빨리 가자.

해설

<승락 표현>
「いいね、行こう！」「うん、一緒に行く！」「じゃあ、行こうか」「行きたい！一緒に行こう」

<거절할 경우>
「ごめん、今ちょっと忙しくて」「今は行けないけど、また今度ね」「今はいらないかな」
친구와 말을 할 때,「ている」의「い」를 생략합니다.
「小腹が空いていて」→「小腹が空いてて」
문장이 짧다고 느껴질 때는「ついでに」를 사용해 문장을 길게 만들 수 있습니다. 또한, 상대방의 제안을 기꺼이 받아들일 때는「いいね」를 사용하면 자연스럽습니다.

어휘

小腹が空く : 약간 배가 고프다　　ついでに : 겸사겸사 / ~한 김에
買いたいなあ : 사고 싶네

문제 5

料理ができるまで、少し時間がかかりそうですが、よろしいですか。

요리가 나올 때까지 시간이 좀 걸릴 것 같은데, 괜찮으시겠어요?

답안

そうなんですね。急いでいないので、大丈夫ですよ。時間がたっぷりあるので、気にしないでください。気を使ってくださって、ありがとうございます。

그렇군요. 급하지 않으니까, 괜찮아요. 시간이 충분히 있으니까, 신경 쓰지 마세요. 배려해 주셔서 감사합니다.

해설

자연스러운 회화 느낌을 위해 1. 상대방 말에 공감 2. 자신의 상황 설명 3. 마지막에 상대를 배려하면 잘 마무리할 수 있습니다.
「気にする」「気を使う」등, 「気」로 시작하는 표현이 많지만, 사용법이나 조사 등을 틀리기 쉬우므로 주의합니다.

어휘

急ぐ : 서두르다   たっぷり : 충분히   気にする : 신경 쓰다
気を使う : 배려하다

문제 6

どうしよう。教科書忘れちゃった。

어떻게 하지? 교과서를 깜빡 잊어버렸어.

답안

ええ、それは大変だね。困ったね。もしよかったら、私の教科書を一緒に見ない？授業が始まる前に、先生に事情を説明しておけば、問題ないはずだよ。

그래, 그거 정말 힘들겠네. 난처하겠어. 괜찮다면, 내 교과서를 함께 보지 않겠어? 수업이 시작하기 전에, 선생님께 사정을 설명해 두면, 문제 없을 거야.

해설

공감·동정 표현「ええ、それは大変だね」상대방의 상황에 공감하는 표현은 자연스러운 회화에서 중요합니다.「もしよかったら、私の教科書を一緒に見ない？」부담을 주지 않으면서 협력을 제안하는 자연스러운 표현입니다. 또한 마지막에 해결책이나 조언을 제시하면 자연스럽게 마무리할 수 있습니다.

어휘

困る : 난처하다   もしよかったら〜ない？ : 괜찮다면 ~하지 않겠어?
事情 : 사정

今日はどんな髪にしましょ
うか。

오늘은 어떤 머리로 해드릴까요?

답안

夏なので、全体的に短めにカットしてもらえませんか。そ
れから、明るい色にしたいんですが、どんな色が似合います
か。おすすめの色を教えてもらえませんか。

여름이니까, 전체적으로 짧게 커트해 주실 수 있을까요? 그리고 밝은 색으로
하고 싶은데, 어떤 색이 어울릴까요? 추천 색상을 알려 주실 수 있나요?

해설

「め」는 조금이라는 의미를 나타냅니다. 그래서 「短め」는 '조금 짧다'라는 의미
가 됩니다. 예) 少なめ、多め、長め
「てもらえませんか」라고 말하면, 매우 정중하고 좋은 인상을 줄 수 있습니다.
미용에서 자주 사용하는 단어로는 커트(カット), 머리를 염색하다(かみを染
める), 펌을 하다(パーマをかける), 과감하게 자르다(ばっさり切る) 등이 있
습니다.

어휘

全体的に : 전체적으로　　カットする : 자르다　　明るい : 밝다
似合う : 어울리다　　おすすめ : 추천

あじ すこ へん
味が少し変じゃない？

맛이 조금 이상하지 않아요?

답안

う～ん、そうですか。私は変じゃないと思いますけど・・・。
いつもと同じ味だと思うんですが、気になるなら一度店員さ
ん聞いてみましょう。

음, 그렇군요. 저는 이상하지 않다고 생각합니다만.... 예전과 같은 맛이라고 생각해요. 신경 쓰인다면, 한 번 점원에게 물어보는 게 좋겠어요.

해설

―라고 생각한다(と思う) 앞의 활용은 실수하기 쉬우므로 한 번 확인하는 것이 좋습니다.

変じゃないと思う (〇)　変じゃないだと思う (×)

의견이 다를 경우「と思います」보다「と思いますけど」라고 말하면 상대에게 불쾌감을 주지 않으면서 일본어다운 표현이 됩니다.

어휘

変だ : 이상하다　　気になる : 신경 쓰이다　　店員さん : 점원

문제 1

あなたは歌が上手ですか。
簡単に説明してください。

노래를 잘하시나요? 간단히 설명해 주세요.

답안

いいえ、歌は苦手です。人前で歌えるほどのレベルじゃありません。ただ、ストレス解消のために時々カラオケに行って歌っています。いつか上手になりたいです。

아니요, 노래는 잘 못해요. 사람들 앞에서 부를 수 있을 수준은 아닙니다. 다만 스트레스 해소를 위해 가끔 노래방에 가서 노래를 부르곤 해요. 언젠가는 잘하게 되고 싶어요.

해설

「いいえ、歌は苦手です」처럼 질문에 정확하게 대답하는 것이 중요합니다.
구체적인 이유와 에피소드를 말하는 것도 이해를 돕습니다.
「歌う」가능형 → 「歌える」
정도를 나타내는 표현 ～ほど（のレベル）じゃない

어휘

ただ：다만　　時々：가끔

문제 2

あなたは定期的に家の大掃除をしますか。簡単に説明してください。

정기적으로 집을 대청소 하시나요? 간단히 설명해주세요.

답안

はい、定期的に行っています。一年に４回くらい、家族みんなで掃除をすることにしています。普段、なかなか掃除できない場所を中心に掃除をしています。気持ちもすっきりしていいです。

네, 정기적으로 하고 있습니다. 1년에 약 네 번 정도, 가족 모두 함께 청소를 하기로 하고 있어요. 평소에는 잘 청소하지 못하는 곳을 중심으로 청소합니다. 마음도 상쾌해져서 좋습니다.

해설

습관을 나타낼 때는 「～ています」가 좋습니다.
定期的に行っています(〇), 定期的に行います(△)
스스로 정한 습관이나 규칙을 나타낼 때는 「～することにしています」를 사용하면 질문에 적절하게 답할 수 있습니다.

어휘

なかなか～ない：좀처럼 ~하지 않다　　すっきりする：개운해지다

문제 3

本を読むとき、電子書籍を
読みますか。それとも紙の
本を読みますか。簡単に
説明してください。

책을 읽을 때, 전자책을 읽으시나
요? 아니면 종이책을 읽으시나요?
간단히 설명해주세요.

답안

私は電子書籍を読むことが多いです。なぜなら、場所をとら
ないからです。本が好きなので、家には本がたくさんありま
すが、もう本棚に入らないので電子書籍を買うようにしてい
ます。

저는 전자책을 읽는 일이 많습니다. 왜냐하면 공간을 차지하지 않기 때문입니
다. 책을 좋아해서 집에 책이 많지만, 이제는 책장에 더 이상 들어가지 않아서
전자책을 사서 읽고 있습니다.

해설

먼저 질문에 답합니다. 그 다음에 이유를 말하고, 그 이유를 설명하는 예를 들
면 자연스러운 흐름이 됩니다.

어휘

電子書籍 : 전자책　　　場所をとる : 공간을 차지하다　　　本棚 : 책장

문제 4

ドラマと映画、どちらが好
きですか。簡単に説明して
ください。

드라마와 영화, 어느 쪽을 좋아하시
나요? 간단히 설명해주세요.

답안

私はドラマより映画の方が好きです。なぜなら、映画は短
い時間の中で物語が完結するからです。それから、映画館に
行って見ることも好きなので、ドラマより映画の方が好きで
すね。

저는 드라마보다 영화를 더 좋아합니다. 그 이유는 영화는 짧은 시간 안에 이
야기가 완결되기 때문입니다. 그리고 영화관에 가서 보는 것도 좋아하기 때문
에, 드라마보다 영화 쪽이 더 좋습니다.

해설

비교문을 사용할 때는「の方」를 사용하는 것을 잊지 마세요.
또한, 이유를 말한 뒤에 시간이 여유가 있으면「それから」나「それに」등을 사
용해 문장을 추가합니다.

어휘

物語 : 이야기　　完結 : 완결

あなたは悩みがあったら誰に話しますか。簡単に説明してください。

고민이 생기면 누구에게 이야기하나요? 간단히 설명해주세요.

답안

仕事の悩みなら、親しい先輩に話すことが多いです。先輩は経験が豊富だし、的確なアドバイスもくれるし、相談しやすい関係なので、何かあれば先輩に話すようにしています。

일과 관련된 고민이라면 가까운 선배에게 이야기하는 경우가 많습니다. 선배는 경험도 풍부하고, 정확한 조언도 해 주고, 상담하기 편한 사이라서 무슨 일이 있으면 선배에게 이야기하려고 합니다.

해설

이유를 나열할 경우「し」를 사용하지만, な형용사와 명사와 연결할 때는「だし」가 되므로 주의가 필요합니다.
예)「豊富だし」「休みだし」.
「ので」는 な형용사와 명사와 연결할 때는「なので」가 되므로 주의가 필요합니다.
예)「豊富なので」「関係なので」

어휘

豊富だ : 풍부하다
的確だ : 정확하다
何かあれば : 무슨 일이 있으면
ようにしている : ~하도록 하고 있다

<ruby>最近<rt>さいきん</rt></ruby>、<ruby>怒<rt>おこ</rt></ruby>ったのはいつです
か。<ruby>簡単<rt>かんたん</rt></ruby>に<ruby>説明<rt>せつめい</rt></ruby>してくださ
い。

최근에 화를 낸 것은 언제인가요?
간단히 설명해주세요.

답안

一週間くらい前に会社で後輩を怒りました。なぜなら後輩が
仕事の締め切りを守らなかったからです。部署全体の計画が
崩れてしまったので、後輩には強く注意をするしかなかった
です。

일주일 정도 전에 회사에서 후배에게 화를 냈습니다. 왜냐하면 후배가 업무 마감일을 지키지 않았기 때문입니다. 부서 전체의 계획이 무너져 버려서, 후배에게는 강하게 주의를 줄 수밖에 없었습니다.

해설

「怒った」는 야단쳤다, 화를 냈다 두 가지로 해석이 가능합니다.
「部下を怒った」부하를 야단쳤다, 꾸짖었다, 혼냈다.
「部下に怒った」부하에게 화를 냈다, 부하에게 화가 났다.

～てしまう
동사て형 + てしまう
「計画が崩れてしまう」의「～てしまう」는 ① 원하지 않는 결과, ② 후회·유감, ③ 상황이 완전히 끝남을 나타냅니다.
이 문장에서는 계획이 망가졌다는 부정적인 결과를 강조합니다.
「崩れた」보다「崩れてしまった」가 책임·영향의 큼을 더 잘 전달합니다.
현재형 : ～てしまう
과거형 : ～てしまった
구어체(현재형) : ～ちゃう
구어체(과거형) : ～ちゃった

어휘

～するしかない : ~할 수밖에 없다

第5部 長い応答

문제 1

ある国では小学生にスマホを持たせることが一般的になっています。あなたはこの傾向に賛成ですか、反対ですか。あなたの考えを話してください。

어떤 나라에서는 초등학생에게 스마트폰을 가지게 하는 것이 일반적이 되고 있습니다.

이러한 경향에 대해 당신은 찬성하십니까, 아니면 반대하십니까? 당신의 생각을 말해 주세요.

답안

私はその傾向に賛成します。
まず、子どもの安全が守れるからです。緊急時の連絡手段として必要ですし、親の安心にも繋がります。そして、デジタル教育は早期からした方がいいと思うからです。スマホを通じて、デジタル機器の利用方法にも慣れるし、情報との接し方も学べるはずです。もちろん、スマホ中毒になるという危険がありますが、これは学校や家庭で指導すれば解決できる課題です。
私は小学生からスマホを使うことに賛成します。

저는 이러한 경향에 찬성합니다.

우선, 아이들의 안전을 지킬 수 있기 때문입니다. 긴급 상황에서 연락 수단으로 필요하고, 부모의 안심으로도 이어집니다. 또한 디지털 교육은 이른 시기부터 하는 것이 좋다고 생각합니다. 스마트폰을 통해 디지털 기기 사용 방법에 익숙해질 수 있고, 정보와 어떻게 접해야 하는지도 배울 수 있을 것입니다. 물론 스마트폰 중독이 될 위험이 있지만, 이는 학교나 가정에서 지도한다면 해결할 수 있는 과제라고 생각합니다.

저는 초등학생 때부터 스마트폰을 사용하는 것에 찬성합니다.

해설

처음과 마지막에서 찬성 입장을 명확히 밝혀서, 답변의 중심이 흔들리지 않음을 보여줍니다.「その傾向に賛成します」「小学生からスマホを使うことに賛成します」

반대 의견을 인정함으로써 답변이 더 객관적이고 수준 높아 보입니다.「スマホ中毒になるという危険」

조사를 틀리지 않도록 주의하세요.

に賛成します、に慣れる、中毒になる

문제 2

多(おお)くの会社(かいしゃ)でリモートワークを導入(どうにゅう)していますが、リモートワークのメリットは何(なん)ですか。あなたの考(かんが)えを話(はな)してください。

많은 회사에서 원격 근무를 도입하고 있는데, 원격 근무의 장점은 무엇이라고 생각하십니까? 당신의 생각을 말해 주세요.

답안

様々(さまざま)なメリットがありますが、特(とく)に仕事(しごと)の生産性(せいさんせい)が上(あ)がることが長所(ちょうしょ)です。
まず、通勤時間(つうきんじかん)が削減(さくげん)できるので業務(ぎょうむ)の効率(こうりつ)が向上(こうじょう)します。また、自己啓発(じこけいはつ)や休(やす)む時間(じかん)が確保(かくほ)できるので、スキルアップやリフレッシュが可能(かのう)になります。
もちろん、リモートワークにはコミュニケーションが不足(ふそく)し、チームに一体感(いったいかん)がないという課題(かだい)もあります。しかし、これはオンライン会議(かいぎ)などを工夫(くふう)することで補(おぎな)うことができると考(かんが)えます。
結論(けつろん)として、リモートワークはワークライフバランスを実現(じつげん)し、企業(きぎょう)にも個人(こじん)にも極(きわ)めて大(おお)きな利益(りえき)だと考(かんが)えます。

다양한 장점이 있지만, 특히 업무 생산성이 향상된다는 점이 큰 장점이라고 생각합니다.
먼저, 출퇴근 시간을 줄일 수 있어 업무 효율이 높아집니다. 또한 자기계발이나 휴식 시간을 확보할 수 있기 때문에, 역량 향상과 재충전이 가능해집니다.
물론 원격근무에는 의사소통이 부족해지고 팀의 일체감이 약해진다는 과제도 있습니다. 하지만 이는 온라인 회의 등을 통해 보완할 수 있다고 생각합니다.
결론적으로 원격근무는 워라밸을 실현하게 해 주며, 기업과 개인 모두에게 매우 큰 이익이 된다고 생각합니다.

해설

이 모범 답안의 핵심은 주장이 분명하다는 점입니다. 글의 처음에서 원격근무의 가장 큰 장점은 업무 생산성이 향상된다는 것이라고 명확히 밝히고 있어, 읽는 사람이 주제를 바로 이해할 수 있습니다. 그 다음으로 출퇴근 시간 감소로 인한 업무 효율 향상, 자기계발과 휴식 시간 확보 등 구체적이고 현실적인 이유를 제시하여 주장에 설득력을 더하고 있습니다.

工夫_{くふう}する : 궁리하다 / 개선하다 / 방법을 찾다
補_{おぎな}う : 보완하다 / 메우다

가타카나 영어 발음에 주의하세요.
リモートワーク : 장음「モー」「ワー」를 정확히 발음하기
スキルアップ :「アッ」에서 잠깐 멈추는 느낌을 줌
リフレッシュ :「リプレッシュ」말고「リフレッシュ」
チーム :「ティーム」말고「チーム」로 발음하기
ワークライフバランス : 장음「ワー」를 정확히 발음하고「プ」말고「フ」로
발음하기

AI技術の発展は仕事の質を
向上させると同時に倫理
的な課題も生み出すと言わ
れています。あなたはこの
ことについてどう思います
か。あなたの考えを話して
ください。

AI 기술의 발전은 업무의 질을 향상시키는 동시에 윤리적인 과제도 낳는다고들 합니다. 당신은 이에 대해 어떻게 생각하시나요? 당신의 생각을 말해 주세요.

답안

AI技術の発展には長所と短所の両方があります。AIによって単純作業が自動化され、人はより創造的な仕事に集中できるようになりました。一方で、プライバシーや著作権の侵害、フェイクコンテンツなどの問題も起きています。そのため、技術の発展と同時に、法律や倫理のガイドラインを整備することが重要だと思います。今後も倫理的な視点を忘れず、これらの課題に対応していくべきです。

AI 기술의 발전에는 장점과 단점이 모두 있습니다. AI로 인해 단순 작업이 자동화되면서, 사람들은 더 창의적인 일에 집중할 수 있게 되었습니다. 한편으로는 프라이버시 침해나 저작권 침해, 페이크 콘텐츠와 같은 문제도 발생하고 있습니다. 따라서 기술 발전과 동시에 법과 윤리 가이드라인을 정비하는 것이 중요하다고 생각합니다. 앞으로도 윤리적인 관점을 잊지 않고 이러한 과제들에 대응해 나가야 합니다.

해설

1. 一方で
「~하는 한편 / 반면에」라는 뜻으로, 앞에서 서술한 내용과 대조되는 측면이나 새로운 관점을 제시할 때 사용하는 접속 표현입니다. 장단점을 비교하는 논리적인 답변에서 필수적인 표현입니다.
예: 一方で、プライバシーや著作権の侵害などの問題も起きています。
2. ~べき
동사의 기본형 + べき　※する→すべき、するべき
「~해야 한다 / ~하는 것이 마땅하다」라는 뜻을 나타냅니다. 화자의 강한 주장이나 당연한 의무를 결론적으로 말할 때 자주 쓰입니다.
예: 課題に対応していくべきです。

어휘, 표현

単純作業 : 단순 작업
自動化される : 자동화되다
創造的 : 창조적
著作権の侵害 : 저작권 침해
整備する : 정비하다 (제도나 가이드라인을 갖추다)
課題に対応する : 과제(문제)에 대응하다

企業が地球環境と利益の両立を実現するためには、どのような経営戦略が重要だと考えますか。あなたの考えを話してください。

기업이 지구 환경과 이익의 양립을 실현하기 위해서는 어떤 경영 전략이 중요하다고 생각하시나요? 당신의 생각을 말해 주세요.

답안

企業が環境と利益を両立させるためには、目の前の利益ではなく、将来を考慮した持続可能な戦略が大事だと考えます。
まずは、環境に優しい技術の開発に投資をすることです。次に、二酸化炭素の排出量を減らすことです。最後に、このような取り組みに消費者も参加させて、環境への意識を変えることです。
これらの戦略によって、企業への信頼が高まって、利益の向上にもつながると思います。

기업이 환경과 이익을 동시에 실현하기 위해서는 눈앞의 이익이 아니라, 미래를 고려한 지속 가능한 전략이 중요하다고 생각합니다.
먼저, 환경에 친화적인 기술 개발에 투자하는 것입니다. 다음으로 이산화탄소 배출량을 줄이는 것입니다. 마지막으로 이러한 노력에 소비자도 참여할 수 있도록 하여, 환경에 대한 인식을 변화시키는 것입니다.
이러한 전략을 통해 기업에 대한 신뢰가 높아지고, 이익 증대에도 이어질 것이라고 생각합니다.

해설

「まずは」「次に」와 같은 말을 이용하여 구조를 정리하면서 환경 친화적인 기술 개발에 대한 투자, 이산화탄소 배출량 감소, 소비자의 참여라는 세 가지 행동을 제시해 논리의 흐름이 매우 명확합니다.

～によって
명사 + によって「~에 의해 / ~을 통해 / ~으로 인해」라는 뜻으로, 수단이나 방법, 혹은 원인을 나타낼 때 사용합니다. 여기서는 앞서 언급한 전략들이 '수단'이 되어 어떤 결과(신뢰 향상)를 가져오는지를 설명하고 있습니다.
예: これらの戦略によって、信頼が高まります。

어휘, 표현

両立させる：양립시키다 / 병행하다
目の前の利益：눈앞의 이익 / 당장의 이익
持続可能：지속 가능
戦略：전략
信頼が高まる：신뢰가 높아지다

問題 1

あなたは来週、取引先の企業とプレゼンテーションの予定があります。しかし、社内の都合で日程を変更しなければならなくなりました。相手に変更を依頼し、日程を変更してください。

당신은 다음 주, 거래처와 프레젠테이션 예정이 있습니다. 하지만 사내 사정으로 인해 일정을 변경해야만 하게 되었습니다. 상대방에게 변경을 요청하고 일정을 조정해 주세요.

답안

田中様、お忙しいところ失礼いたします。来週のプレゼンテーションの件でご相談がございます。実は、社内の都合でやむを得ず、予定していた日程を変更させていただきたく、お電話いたしました。大変恐縮ですが、日程の再調整をお願いできませんでしょうか。来週の水曜か木曜でしたら、こちらは空いております。ご迷惑をおかけして申し訳ございませんが、ご検討いただけますでしょうか。

다나카님, 바쁘신 가운데 실례합니다. 다음 주 프레젠테이션 일정과 관련하여 상담드릴 내용이 있습니다. 실은 사내 사정으로 부득이하게 예정되어 있던 일정을 변경하고자 전화드리게 되었습니다. 대단히 송구스럽지만, 일정 재조정을 부탁드려도 될지요. 다음 주 수요일이나 목요일이라면 저희 쪽은 가능합니다. 번거로움을 드려 정말 죄송하지만, 검토해 주실 수 있으실지요.

해설

1. ～させていただきたく（お電話いたしました）

동사 사역형 + ていただきたく

「～하고 싶어서 (전화드렸습니다)」라는 뜻입니다. 자신의 행동을 낮추면서 상대방의 허가를 구하는 아주 정중한 표현인「～させていただく」에, 자신의 희망을 나타내는「～たい」가 합쳐진 형태입니다. 비즈니스 전화나 메일에서 용건을 말할 때 자주 쓰입니다.

예: 日程を変更させていただきたく、お電話いたしました。

2. お願いできませんでしょうか

「부탁드릴 수 없을까요?」라는 뜻으로, 상대방에게 조심스럽게 부탁이나 의뢰를 할 때 사용하는 가장 정중한 표현 중 하나입니다. 단순히「～てください」라고 하는 것보다 훨씬 부드럽고 예의 바른 느낌을 줍니다.

예: 日程の再調整をお願いできませんでしょうか。

어휘, 표현

お忙しいところ：바쁘신 와중에

やむを得ず：어쩔 수 없이, 부득이하게

社内の都合：회사 내부 사정

大変恐縮ですが：대단히 죄송합니다만

再調整：재조정　　　　～が空いている：(시간/일정이) 비어 있다

あなたは大学院生で、指導教授の研究室を訪ねています。あなたは論文にフィードバックをもらいたいと思っています。お願いをしてください。

당신은 대학원생이며, 지도 교수님의 연구실을 방문하고 있습니다. 당신은 논문에 대한 피드백을 받고 싶어 합니다. 부탁을 해 보세요.

답안

先生、お忙しいところ失礼いたします。お時間、よろしいでしょうか。
論文の件で、お願いがあって伺いました。恐縮ですが、先日提出した論文について、ご意見や具体的なフィードバックをいただきたいと思っております。まだ、不安な部分もありますので、できれば先生のご意見を伺いたいと思っております。短時間でも構いませんので、先生のご都合のよい時間や日にちを教えていただけませんか。

교수님, 바쁘신데 실례합니다. 시간 괜찮으실까요?
논문 건으로 부탁이 있어 찾아뵈었습니다. 대단히 죄송스럽습니다만, 얼마 전 제출한 논문에 대해서 교수님의 의견이나 구체적인 피드백을 받을 수 있을까요? 아직 불안한 부분이 있어서 가능하면 교수님의 의견을 들려주셨으면 합니다. 짧은 시간이라도 괜찮으니 교수님께서 가능한 시간이나 날짜를 알려주실 수 없으실까요?

해설

겸양어와 존경어를 적절히 구분해 사용하며, 바쁜 교수님의 상황을 배려하면서도 구체적인 요청을 하는 것이 중요합니다.
먼저, 「先生、お忙しいところ失礼いたします。お時間、よろしいでしょうか。」라고 말을 꺼내며 시작하고 있어, 상대방의 시간을 배려하는 태도가 분명하게 드러나 있습니다. 연구실을 방문했을 때의 첫마디로 매우 자연스럽고, 무례함이 없습니다. 일본에서는 대학 교수를 부를 때 「教授」가 아니라 「先生」이라고 부르므로 주의해야 합니다.

어휘, 표현

상대가 윗사람이기 때문에 더욱 공손하게 말하는 것이 포인트입니다.
時間いいですか → お時間よろしいでしょうか
来ました → 伺いました
すみませんが → 恐縮ですが
もらいたいと思っています → いただきたいと思っております
〜てもらえませんか → 〜ていただけませんか

予約していたレストランの
席に案内されました。しか
し、予約していた窓側の席
ではない席に通されまし
た。店の人に説明し解決し
てください。

예약해 두었던 레스토랑에서 자리를 안내받았습니다. 그러나 예약했던 창가 자리가 아닌 자리로 안내되었습니다. 이 상황을 직원에게 설명하고 해결해 주세요.

답안

失礼ですが、ちょっとよろしいでしょうか。今日は窓側の席を予約していたはずですが、一度確認をお願いできますか。
私の予約内容では窓側の席を予約したことになっています。
もし変更が難しければ、仕方がないですが、可能でしたら、予約通り窓側の席へ変更していただくことはできますでしょうか。面倒をおかけしますが、よろしくお願いします。

실례합니다만, 잠시 괜찮으실까요. 오늘 창가 자리를 예약했던 것으로 알고 있는데, 한 번 확인해 주실 수 있을까요.
제 예약 내용으로는 창가 자리로 되어 있습니다. 만약 변경이 어렵다면 어쩔 수 없지만, 가능하시다면 예약대로 창가 자리로 변경해 주실 수 있으실지요. 번거로움을 드려 죄송하지만, 잘 부탁드립니다.

해설

불만 제기가 되지 않도록 정중함을 유지하면서도, 자신의 주장을 분명하게 전달하고 있는 점이 핵심입니다. 먼저 「失礼ですが」, 「ちょっとよろしいでしょうか」와 같은 완곡한 표현으로 말을 시작하여 상대방에 대한 배려를 보여 주고 있습니다. 그 다음에 「予約していたはずですが」「私の予約内容では」과 같은 표현을 사용함으로써, 단정적으로 말하지 않으면서 사실을 확인하고 있습니다.

어휘, 표현

よろしいでしょうか : 괜찮으실까요
確認をお願いできますか : 확인해 주실 수 있을까요

〜たことになっている : ~되어 있습니다
予約通り : 예약대로
面倒をおかけします : 번거로움을 드려 죄송합니다

あなたは友達に海に行こうと誘われましたが、具合がよくありません。友達に電話をかけ 状況 を説明し、うまく 断ってください。

당신은 친구에게 바다에 가자고 초대를 받았지만, 몸 상태가 좋지 않습니다. 친구에게 전화를 걸어 상황을 설명하고, 잘 거절하세요.

답안

もしもし？今、電話できる？ちょっと 話があって。実は昨日から風邪気味で、熱も少しあるんだ。それで、海には行けそうにもなくて。すごく行きたかったんだけど。せっかく誘ってくれたのに、ごめんね。今回は私抜きで、楽しんできてね。それから、写真撮ったら見せてね。本当にごめんね。

여보세요? 지금 전화 괜찮아? 좀 이야기할 게 있어. 사실 어제부터 감기 기운이 있고, 열도 조금 나. 그래서 바다에는 못 갈 것 같아. 진짜 가고 싶었는데...
가자고 해 줬는데 미안해. 이번에는 나 빼고 즐겁게 다녀와. 그리고 사진 찍으면 보여 줘. 정말 미안해.

해설

상황을 설명하고, 초대해 준 것에 감사하면서 다음 기회에 대한 의욕을 보이며 거절하는 점이 자연스럽습니다.

1. ～気味

동사 ます형, 명사 + 気味 「~한 기미 / ~한 기운이 있음」이라는 뜻으로, 신체적·정신적으로 평소와 다른 부정적인 상태가 약간 느껴질 때 사용합니다.

예: 疲れ気味、風邪気味

예문: 昨日からちょっと風邪気味で、熱も少しあるんだ。

2. ～そうにもない

동사ます형 + そうにもない

「도저히 ~할 것 같지 않다」라는 뜻입니다. 현재 상황으로 보아 실현 가능성이 매우 낮음을 강조할 때 나타냅니다.

예: 海には行けそうにもないんだ。

3. ～抜きで

명사 + 抜きで「~을 제외하고 / ~ 없이」라는 뜻입니다. 당연히 있어야 할 것을 빼고 무언가를 할 때 사용합니다.

예: 今回は私抜きで、楽しんできてね。

어휘, 표현

風邪気味 : 감기 기운이 있다

行けそうにもない（＝行けなさそうだ）: 못 갈 것 같다

せっかく誘ってくれたのに : 초대해줬는데

～抜きで : ~빼고

문제 1

男性が会社の事務室にいます。入念にプレゼンテーションの準備をしているようです。とても真剣な表情で資料を確認しています。大事なプレゼンテーションがあるようです。

プレゼンテーションの当日、男性はとても緊張している様子です。そのせいで、コーヒーをこぼしてしまいます。たくさんの人に見られている中、コーヒーをパソコンのそばでこぼし、とても焦ってしまいます。

しかし、彼はすぐに冷静さを取り戻します。慌てずに、練習した通りにプレゼンテーションを行います。彼の発表内容はいいようで、人々は感心しながら聞いています。

最終的に、彼の発表は高く評価されたようで、大きな拍手をされています。彼はこの経験から、事前の準備や練習も大事だけど、予想外のハプニングにも柔軟に対応できる力も重要だと痛感しました。そして、今の自分にはこのような能力が足りないと反省することになりました。

남성이 회사 사무실에 있습니다. 그는 발표 준비를 꼼꼼히 하고 있는 것 같습니다. 매우 진지한 표정으로 자료를 확인하고 있습니다. 중요한 발표가 있는 모양입니다.

발표 당일, 남성은 매우 긴장한 모습입니다. 그 때문에 커피를 쏟고 말았습니다. 많은 사람들이 지켜보는 가운데, 컴퓨터 근처에 커피를 흘려 매우 당황합니다.

하지만 그는 곧 침착함을 되찾습니다. 당황하지 않고 연습한 대로 발표를 진행합니다. 그의 발표 내용이 좋아서 사람들은 감탄하며 듣고 있습니다.

결국 그의 발표는 높이 평가받은 것 같고, 큰 박수를 받고 있습니다. 그는 이 경험을 통해 사전 준비와 연습도 중요하지만, 예상치 못한 상황에도 유연하게 대응할 수 있는 능력 또한 중요하다는 것을 깨달았습니다. 그리고 지금 자신의 능력에는 이런 점이 부족하다는 것을 반성하게 되었습니다.

해설

이 모범 답안의 포인트는, 문장 속 등장인물의 표정을 정확히 파악하는 것이 중요하다는 점입니다. 남자가 진지한 표정을 짓는 장면, 당황하는 장면 등 인물의 감정을 잘 이해해야 합니다. 「真剣な表情」「緊張する」「焦る」 등

1. ～通りに（とおりに、どおりに）
동사 기본형, た형＋通りに / 명사＋の通りに, 명사＋通りに
「~한 대로 / ~대로」라는 뜻으로, 어떤 계획이나 연습, 지시 등이 수정 없이 그대로 이루어짐을 나타냅니다.
예: 練習した通りにプレゼンテーションを行います。

2. ～てしまう
동사て형＋てしまう
「~해 버리다 / ~하고 말다」라는 뜻으로, 의도하지 않은 실수나 유감스러운 결과가 발생했을 때 사용합니다. 이야기의 위기 상황을 묘사할 때 유용합니다.
예: コーヒーをこぼしてしまいます。

そのせいで : 그 때문에

こぼす : 흘리다

見られる : 보이다 / 지켜보다

冷静さを取り戻す : 침착함을 되찾다

予想外のハプニング : 예상치 못한 상황

柔軟に対応する : 유연하게 대응하다

문제 2

女性と男性が一人ずついます。男性はスーツを着ていて、契約書を持っているので不動産会社の人のようです。女性は家の契約書にサインをし、男性と握手をしています。これから始まる新生活を楽しみにしているようです。

引っ越し当日、新しい家に作業員と女性がいます。二人は引っ越しの荷物を運んでいます。引っ越しの作業は順調に終わりました。これで全てが片付いたと、彼女はホッとしたと思います。

女性はソファーに座り、コーヒーを飲みながら休んでいます。しかし、そのとき鍵を見つけます。女性はハッと気がついて、焦った表情をしています。どうやら、前の部屋の鍵を返し忘れたようです。

彼女はすぐに不動産屋の担当者に電話をかけます。そして、担当者に状況を説明し、鍵の返却方法について相談をしているようです。忙しかったり、することが多っかたりすると、うっかり忘れてしまうことがあります。もっと注意しなければならないと感じました。

여성과 남성이 한 명씩 있습니다. 남성은 정장을 입고 계약서를 들고 있어, 부동산 회사 직원인 것 같습니다. 여성은 집 계약서에 서명하고 남성과 악수를 하고 있습니다. 이제 시작될 새 생활을 기대하고 있는 듯합니다.

이사 당일, 새로운 집에는 작업원과 여성이 있습니다. 두 사람은 이삿짐을 나르고 있습니다. 이사 작업은 순조롭게 끝났습니다. 이제 모든 것이 정리되었다고, 그녀는 안도한 것 같습니다.

여성은 소파에 앉아 커피를 마시며 휴식을 취하고 있습니다. 그런데 그때 열쇠를 발견합니다. 여성은 깜짝 놀라며 당황한 표정을 짓고 있습니다. 아무래도, 이전 집의 열쇠를 반납하는 것을 깜빡한 것 같습니다.

그녀는 곧 부동산 담당자에게 전화를 겁니다. 그리고 담당자에게 상황을 설명하고, 열쇠 반납 방법에 대해 상담하는 것 같습니다. 바쁘거나 할 일이 많으면 깜빡 잊어버릴 때가 있습니다. 앞으로는 더 주의해야겠다고 느꼈습니다.

이 답안의 포인트는 등장인물의 행동과 표정을 정확히 파악해 상황의 흐름을 자연스럽게 설명한 점입니다. 그림을 잘 보고 계약 → 이사 → 깨달음 → 행동이라는 시간의 순서에 따라 정리되어 있으며,「ホッとする」「ハッと気がつく」와 같은 감정 표현을 사용해 인물의 심리를 잘 드러내고 있습니다.

1. ～たり～たりする

동사, い형용사, な형용사, 명사た형 + たり

「~하거나 ~하기도 하다」라는 뜻으로, 여러 가지 동작이나 상태를 나열할 때 사용합니다. 여기서는 잊어버리게 된 원인이나 상황을 나열하여 설명하고 있습니다.

예: 忙しかったりすることが多かったりすると、忘れてしまうことがあります。

2. ～について

명사 + について「~에 대해서 / ~에 관해서」라는 뜻으로, 대화의 주제나 조사·상담의 대상을 나타낼 때 사용하는 필수 표현입니다.

예: 返却方法について相談をしています。

어휘, 표현

～ずつ：씩
握手：악수
新生活：새로운 생활
楽しみにする：기대하다
ホッとする：안도하다
ハッと気がつく：깜짝 놀라 깨닫다
どうやら：아무래도
返却：반환
うっかり忘れる：깜빡 잊다

第1部 自己紹介

문제 1

お名前は何とおっしゃいますか。

성함이 어떻게 되십니까?

답안

キムと申します。よろしくお願いします。

김민수라고 합니다. 잘 부탁합니다.

해설

「〜と申します」는 자기소개할 때 사용하는 겸양 표현입니다.
비즈니스 상황이나 면접, 처음 만나는 자리 등 격식 있는 상황에 잘 어울리는 표현입니다.

문제 2

どこに住んでいますか。

어디에 살고 계십니까?

답안

ソウルのチョンノ区に住んでいます。雰囲気のいい場所です。

서울 종로구에 살고 있습니다. 분위기가 좋은 곳입니다.

해설

「に住んでいます」(〇)　「で住んでいます」(×)
시간이 길지 않으므로, 짧게 말하는 것이 좋습니다.

문제 3

誕生日はいつですか。

생일은 언제입니까?

답안

1980年11月13日生まれです。

1980년 11월 13일생입니다.

해설

생년월일처럼 숫자를 길게 말할 때는 듣기 쉽게 천천히 말하는 것도 요령입니다.

문제 4

<ruby>趣味<rt>しゅ み</rt></ruby>は<ruby>何<rt>なん</rt></ruby>ですか。

취미는 무엇입니까?

답안

<ruby>音楽<rt>おんがく</rt></ruby>を<ruby>聴<rt>き</rt></ruby>くことです。クラシックを<ruby>聴<rt>き</rt></ruby>いています。

음악을 듣는 것입니다. 클래식을 좋아합니다.

해설

작은 「ッ」가 들어가 있으므로 '시'를 길게 늘이지 않고, '싯' 부분을 살짝 막아 주듯이 발음하면 자연스럽게 들립니다.

第2部 簡単な応答

문제 1

コップはどこにありますか。

컵은 어디에 있습니까?

답안

コップは<ruby>箱<rt>はこ</rt></ruby>の<ruby>中<rt>なか</rt></ruby>にあります。ガラスのコップです。

컵은 상자 안에 있습니다. 유리컵입니다.

해설

「〜は〜にあります」(〇)　「〜は〜であります」(×)

문제 2

<ruby>男<rt>おとこ</rt></ruby>の<ruby>人<rt>ひと</rt></ruby>は<ruby>何<rt>なに</rt></ruby>をしていますか。

남자는 무엇을 하고 있습니까?

답안

<ruby>男<rt>おとこ</rt></ruby>の<ruby>人<rt>ひと</rt></ruby>は<ruby>薬<rt>くすり</rt></ruby>を<ruby>飲<rt>の</rt></ruby>んでいます。<ruby>手<rt>て</rt></ruby>には<ruby>水<rt>みず</rt></ruby>と<ruby>薬<rt>くすり</rt></ruby>を<ruby>持<rt>も</rt></ruby>っています。

남자는 약을 먹고 있습니다. 손에는 물과 약을 들고 있습니다.

해설

「薬を飲む」(〇)　「薬を食べる」(×)

飲む → 飲んでいます　持つ → 持っています

どちらが長（なが）いですか。

어느 쪽이 더 깁니까?

답안

右（みぎ）の女（おんな）の人（ひと）の方（ほう）が髪（かみ）が長（なが）いです。

오른쪽에 있는 여자의 머리카락이 더 깁니다.

해설

비교문이기 때문에 「〜の方が」를 사용해서 정확하게 대답하는 것이 좋습니다.

문제 4

本（ほん）は何冊（なんさつ）ありますか。

책은 몇 권 있습니까?

답안

本（ほん）は3冊（さんさつ）あります。旅行（りょこう）の雑誌（ざっし）が3冊（さんさつ）あります。

책은 3권 있습니다. 여행 잡지가 3권 있습니다.

해설

책은 「1冊（いっさつ）、2冊（にさつ）、3冊（さんさつ）」으로 셉니다. 또한, 책의 종류가 잡지라면 「雑誌（ざっし）が 3冊（さんさつ）ある」라고 대답하면 됩니다.

第3部 敏速な応答

문제 1

今日（きょう）、一緒（いっしょ）にランチどうですか。

오늘 같이 점심 어떠세요?

답안

いいですね。ちょうどお腹（なか）も空（す）いていますし、先約（せんやく）もありません。どこに行（い）きましょうか。

좋네요. 마침 배도 고프고, 다른 약속도 없어요. 어디로 갈까요?

해설

마지막에 「どこに行きましょうか」를 덧붙이면, 더 자연스러워집니다.

어휘

〜し : 나열 표현 　　ちょうど : 마침 　　先約（せんやく） : 선약

新 しい上司ってどんな人?
あたら　じょうし　　　　　ひと

새로운 상사는 어떤 사람이야?

답안

**とても真面目な方だと思う。仕事の説明も丁寧で、私 たち
部下の話もよく聞いてくれるんだ。**

아주 성실한 분이라고 생각해. 일에 대한 설명도 꼼꼼하고, 우리 같은 부하들의
이야기도 잘 들어 줘.

해설

어떤 사람인지 묻고 있으므로, 먼저 성격을 나타내는 표현을 말한 뒤에 그에 대
한 설명을 덧붙이면 듣는 사람이 이해하기 쉽습니다. 그리고 상대가 윗사람이
므로 「人」이 아니라 「方」을 사용하면 더욱 좋습니다.

문제 3

チェックアウトですか。

체크아웃이신가요?

답안

**はい、チェックアウトをお願いします。支払いはクレジット
カードでもいいですか。**

네, 체크아웃 부탁드립니다. 결제는 신용카드로 해도 될까요?

해설

먼저 「체크아웃을 부탁드립니다」라고 용건을 분명하게 말하고 그 다음 「결제는
신용카드로 해도 될까요」라고 의문형으로 확인하여, 상대방을 배려하는 부드
러운 표현이 됩니다. 다만 결제는 「計算」이라고 하지 많고 「支払い」, 신용 카드
는 「信用カード」가 아니라 「クレジットカード(クレカ)」라고 말을 해야 합
니다.

わからないことがあった
ら、話_{はな}してください。

모르는 것이 있으면 말씀해 주세요.

답안

ありがとうございます。わからないことがあったら、遠慮_{えんりょ}せずに質問_{しつもん}します。

감사합니다. 모르는 것이 있으면 사양하지 않고 질문하겠습니다.

해설

먼저 상대방에게 감사의 뜻을 전한 뒤「遠慮せずに質問します」라고 말함으로써 적극적이면서도 공손한 태도를 보여 주고 있습니다.

어휘

遠慮_{えんりょ}せずに : 사양하지 않고

문제 5

旅行_{りょこう}はどうだった？

여행은 어땠어?

답안

楽_{たの}しかったよ。現地_{げんち}の料理_{りょうり}もおいしくて、また行_いきたいと思_{おも}うほどよかったんだ。おすすめだよ。

정말 즐거웠어. 현지 음식도 맛있어서 다시 가고 싶을 정도로 좋았어. 추천해.

해설

먼저 「楽しかった」라고 전체적인 감상을 먼저 말한 뒤,「現地の料理もおいしくて」라고 구체적인 이유를 덧붙이고 있습니다.
또한 「また行きたいほど」라는 표현을 사용해 만족도가 매우 높았다는 느낌을 자연스럽게 잘 전달하고 있습니다.

어휘

現地_{げんち} : 현지　　　〜ほど : 정도

문제 1

あなたは最近手紙をもらっ
たことがありますか。簡単
に説明してください。

당신은 최근에 편지를 받은 적이 있
습니까? 간단히 설명해 주세요.

답안

はい、先月友達から手紙をもらいました。久しぶりに手紙を
もらったので嬉しかったです。最近はSNSでメッセージを送
ることが多いので、手紙は特別に感じます。今度返事を書こ
うと思っています。

네, 지난달에 친구에게서 편지를 받았습니다. 오랜만에 편지를 받아서 기뻤습
니다. 요즘은 SNS로 메시지를 보내는 일이 많아서 편지는 특별하게 느껴집니
다. 이번에 답장을 써 보려고 생각하고 있습니다.

해설

먼저 질문에 대해 처음에 「はい」나 「いいえ」로 대답하고, 그 다음에 내용을 자
세히 설명하면 듣는 사람이 이해하기 쉽습니다. 또한 마지막에 앞으로의 계획
등을 이야기하면 답변을 깔끔하게 마무리할 수 있습니다.

어휘

「書こう(동사 의지형) + と思っている」는 이미 마음속으로 결심해 두었고,
현재도 그 계획이 있는 상태를 나타냅니다.

あなたはスケジュール管理
を手帳でしますか。ケータ
イでしますか。簡単に説明
してください。

당신은 일정 관리를 수첩으로 합니까, 휴대전화로 합니까? 간단히 설명해 주세요.

답안

ケータイでスケジュール管理をしています。ケータイなら、いつでもどこでもすぐに予定を確認できるところが便利です。そして、通知も来るので、予定をうっかり忘れてしまうこともなく、とても助かっています。

휴대전화로 일정 관리를 하고 있습니다. 휴대전화라면 언제 어디서나 바로 일정을 확인할 수 있어서 편리합니다. 또 알림도 오기 때문에 일정을 깜빡 잊어버릴 일이 없어 매우 도움이 되고 있습니다.

해설

1. ～ところが～です
동사의 보통형＋ところ「~점 / ~부분이 ~하다」라는 뜻이 되며, 이유나 평가 포인트를 말할 때 자주 사용합니다.
예: 確認できるところが便利です。
2. ～もなく
부정을 나열하여 결과를 설명하는 형태로, 「~하는 일이 없어서」라는 뜻입니다.
예: 忘れてしまうこともなく

어휘

いつでもどこでも : 언제든지 어디서든지
うっかり忘れる : 깜빡 잊다
助かる : 도움이 되다

あなたは一人暮らしを始めるのに良いと思う時期はいつですか。簡単に説明してください。

당신은 혼자 살기를 시작하기에 좋은 시기는 언제라고 생각합니까? 간단히 설명해 주세요.

답안

社会人になってからがいいと思います。社会人になると、毎月 給 料がもらえるようになって、経済的に安定し始めます。自分で家賃も生活費も払えるようになるので、自立するいいタイミングだと 考えます。

사회인이 된 후가 좋다고 생각합니다. 사회인이 되면 매달 월급을 받을 수 있게 되고, 경제적으로 안정되기 시작합니다. 집세와 생활비도 스스로 낼 수 있게 되기 때문에 자립하기에 좋은 타이밍이라고 생각합니다.

해설

1. ~ようになる
동사 기본형 + ようになる「給料がもらえるようになって」「払えるようになる」에서 쓰인 문법으로, 상태나 능력의 변화를 나타냅니다. 이전에는 할 수 없었던 일이 가능해지게 되었음을 의미합니다.

2. ~始める
동사 ます형 + 始める
「安定し始めます」에서 사용된 표현으로, 어떤 변화가 시작됨을 나타냅니다.
예) 降ります → 降り始める 食べます → 食べ始める

어휘

経済的に : 경제적으로
安定する : 안정되다
自立 : 자립
タイミング : 타이밍

あなたは音楽をよく聴く方ですか。簡単に説明してください。

당신은 음악을 자주 듣는 편입니까? 간단히 설명해 주세요.

답안

はい、よく聴いています。通勤中に聴いたり、家でリラックスしたいときに聴いたりしています。特に疲れたときに音楽を聴くと、気分が落ち着きます。ジャンルは気分によって変えますが、静かな音楽を聴くことが多いです。

네, 자주 듣고 있습니다. 출퇴근할 때 듣기도 하고, 집에서 편안히 쉬고 싶을 때 듣기도 합니다. 특히 피곤할 때 음악을 들으면 기분이 차분해집니다. 장르는 기분에 따라 바꾸지만, 조용한 음악을 듣는 편입니다.

해설

〜によって
명사 + によって 「気分によって変えます」에서의 「によって」는 '경우에 따라', '그때그때의 상태에 따라서'라는 의미입니다. 뒤에 오는 동사는 「かえる」「かわる」「違う」등이 자주 쓰입니다.
예) 気分によって変えます
　　人によって考え方が違います

あなたが 最もよく利用する
公共交通機関は何ですか。
簡単に説明してください。

당신이 가장 자주 이용하는 대중교통은 무엇입니까? 간단히 설명해 주세요.

답안

一番よく利用するのは地下鉄です。地下鉄は渋滞に巻き込まれることがほとんどなく、時間にも正確です。そのため遅れる心配がなく、約束があるときでも安心して利用できます。

가장 자주 이용하는 것은 지하철입니다. 지하철은 교통체증에 휘말릴 일이 거의 없고, 시간도 정확합니다. 그래서 늦을 걱정이 없어서 약속이 있을 때에도 안심하고 이용할 수 있습니다.

해설

1. ～のは～です
동사 보통형 + のは
「一番よく利用するのは地下鉄です」 이 문형은 주제를 제시하고 결론을 말할 때 쓰입니다. 「～のは」로 말하고 싶은 대상을 먼저 제시하고, 「～です」로 그것이 무엇인지 설명합니다.
2. ～ことがほとんどない
동사 보통형 + ことがほとんどない 「渋滞に巻き込まれることがほとんどなく」는 '거의 ~하지 않다'라는 의미로, 발생 빈도가 매우 낮음을 나타냅니다.

어휘

～に巻き込まれる：～에 휘말리다 / ～에 말려들다
時間に正確だ：시간이 정확하다 / 시간에 정확하다

副業 や 兼業 が一般化しつつ
ありますが、これが個人の
キャリア形成にどのような
メリットとデメリットをも
たらすと思いますか。あな
たの考えを話してください。

부업이나 겸업이 점점 일반화되고 있는데, 이것이 개인의 커리어 형성에 어떤 장점과 단점을 가져온다고 생각하십니까? 당신의 생각을 말해 주세요.

답안

まず、メリットは、自分のスキルや経験を広げられる点です。本業では身につかない新しい能力や経験を増やすことができます。また、収入が高くなるので経済的な安心感も高まります。

一方でデメリットもあります。仕事が増えることで、体への負担が大きくなる点です。その結果、本業に十分に集中できなくなったり、仕事の評価が下がったりする心配もあります。そのため、副業や兼業をする場合は、自分の目的をはっきりさせて、無理のない範囲でバランスを取ることが大切だと思います。

먼저, 장점은 자신의 기술과 경험을 넓힐 수 있다는 점입니다. 본업에서는 익히기 어려운 새로운 능력과 경험을 늘릴 수 있습니다. 또한 수입이 증가하기 때문에 경제적인 안정감도 높아집니다. 한편으로는 단점도 있습니다.

일이 늘어남으로써 몸에 대한 부담이 커진다는 점입니다.

그 결과 본업에 충분히 집중하지 못하게 되거나, 업무 평가가 낮아질 수 있다는 걱정도 있습니다.

따라서 부업이나 겸업을 할 경우에는 자신의 목적을 분명히 하고, 무리가 되지 않는 범위에서 균형을 잡는 것이 중요하다고 생각합니다.

해설

1. 서론(장점 제시)
「まず、メリットは〜点です」로 화제를 제시
2. 대조(단점 제시)
「一方でデメリットもあります」로 반대 의견 제시
3. 결론(정리·의견)
「そのため〜大切だと思います」로 자신의 생각 정리
시험 답변으로 매우 알기 쉽고, 채점자가 구조를 바로 파악할 수 있는 형태입니다.
〜ことで
동사 기본형 + ことで、명사 + があることで
앞의 동작·상황이 원인이 되어, 뒤에 그 결과가 나타남을 표현합니다. 즉, 원인 → 결과의 흐름을 논리적으로 설명할 때 사용합니다.
예) 仕事が増えることで、経験があることで

身（み）につく : 몸에 배다 / 익히다 / 습득되다
バランスを取（と）る : 균형을 잡다 / 균형을 맞추다

문제 2

AI面接（めんせつ）の 長所（ちょうしょ）と短所（たんしょ）には何（なに）
があると思（おも）いますか。あな
たの 考（かんが）えを話（はな）してくださ
い。

AI 면접의 장점과 단점에는 무엇이
있다고 생각하십니까? 당신의 생각
을 말해 주세요.

답안

まず、AI面接（めんせつ）の 長所（ちょうしょ）は、公平性（こうへいせい）が高（たか）い点（てん）だと思（おも）います。人（ひと）の
感情（かんじょう）や先入観（せんにゅうかん）に左右（さゆう）されず、すべての応募者（おうぼしゃ）を同（おな）じ基準（きじゅん）で
評価（ひょうか）できるからです。また、時間（じかん）や場所（ばしょ）を選（えら）ばないで受（う）けら
れるので、企業側（きぎょうがわ）も応募者側（おうぼしゃがわ）も負担（ふたん）が減（へ）るというメリットが
あります。
一方（いっぽう）で、短所（たんしょ）もあります。AIでは、雰囲気（ふんいき）や人柄（ひとがら）、細（こま）かいニ
ュアンスを十分（じゅうぶん）に判断（はんだん）できない可能性（かのうせい）があります。そのた
め、本来（ほんらい）の魅力（みりょく）が伝（つた）わりにくい人（ひと）も出（で）てくると思（おも）います。
ですから、AI面接（めんせつ）と人（ひと）による面接（めんせつ）を組（く）み合（あ）わせることが大切（たいせつ）
だと 考（かんが）えます。

먼저, AI 면접의 장점은 공정성이 높다는 점이라고 생각합니다. 사람의 감정이
나 선입견에 좌우되지 않고 모든 지원자를 같은 기준으로 평가할 수 있기 때문
입니다. 또한 시간과 장소에 구애받지 않고 응시할 수 있어서 기업 측과 지원자
측 모두의 부담이 줄어든다는 장점이 있습니다.
한편으로는 단점도 있습니다. AI로는 분위기나 인상, 미묘한 뉘앙스를 충분히
판단하지 못할 가능성이 있습니다. 그 때문에 본래의 매력이 잘 전달되지 않는
사람도 생길 수 있다고 생각합니다.
그래서 AI 면접과 사람에 의한 면접을 병행하는 것이 중요하다고 생각합니다.

해설

〜に左右（さゆう）されず
명사 + に左右されず
「感情や先入観に左右されず」는 '~에 좌우되지 않고'라는 의미로, 공정성·객
관성을 강조할 때 효과적입니다.

어휘

公平性（こうへいせい） : 공정성　　先入観（せんにゅうかん） : 선입견　　人柄（ひとがら） : 인품 / 성품
伝（つた）わる : 전해지다 / 전달되다　　組（く）み合（あ）わせる : 조합하다

義務教育の場でプログラミングなどのIT教育をさらに強化すべきだという意見があります。これが子どもの将来にどんな影響を与えると思いますか。あなたの考えを話してください。

의무교육 현장에서 프로그래밍 등 IT 교육을 더욱 강화해야 한다는 의견이 있습니다. 이것이 아이들의 미래에 어떤 영향을 미칠 것이라고 생각하십니까? 당신의 생각을 말해 주세요.

답안

義務教育でプログラミングなどのIT教育をさらに強化することには、大きなメリットがあると思います。
まず、子どもたちは早い段階から論理的に考える力や問題解決能力を身につけることができます。これは、将来どんな仕事をする場合でも役に立つ能力です。
また、ITに慣れておくことで、社会に出たときに新しい技術に柔軟に対応できるようになります。将来の選択肢も広がるはずです。

의무교육에서 프로그래밍과 같은 IT 교육을 더욱 강화하는 것은 큰 장점이 있다고 생각합니다.

먼저, 아이들은 이른 단계부터 논리적으로 사고하는 능력과 문제 해결 능력을 기를 수 있습니다. 이는 장래에 어떤 일을 하게 되더라도 도움이 되는 능력입니다.

또한 IT에 미리 익숙해져 두면, 사회에 나갔을 때 새로운 기술에도 유연하게 대응할 수 있게 됩니다. 미래의 선택지도 넓어질 것입니다.

해설

이유·원인을 나타내는 「〜ため」
보통형 + ため 「〜ので」「〜から」와 비슷한 의미로, 어떤 원인 때문에 결과가 생겼음을 나타냅니다.
의미: ~때문에 / ~기 때문에
객관적이고 딱딱한 표현으로, 시험 답변이나 공식적인 문장에서 자주 사용됩니다.
예) 雨のため中止になりました、体調が悪いため欠席します

어휘

さらに : 더욱
強化する : 강화하다
身につける : 몸에 익히다 / 습득하다
に慣れる : ~에 익숙해지다
柔軟に : 유연하게

エコ商品は一般的な商品よりも値段が高くなる傾向があります。消費者が環境コストを負担することについてどう思いますか。あなたの考えを話してください。

에코 제품은 일반적인 제품보다 가격이 비싸지는 경향이 있습니다. 소비자가 환경 비용을 부담하는 것에 대해 어떻게 생각하십니까? 당신의 생각을 말해 주세요.

답안

私は、消費者が環境コストをある程度負担することは、持続可能な社会を実現するために必要不可欠だと考えます。なぜなら、商品の価格に環境負荷を反映させることで、消費者の意識が変わるからです。「安いから買う」という基準だけでなく、環境への影響を考慮して選ぶようになれば、企業側の生産体制もよりクリーンなものに変化します。もちろん、低所得者への配慮などは必要ですが、長期的には環境コストの負担が当たり前になる社会を目指すべきだと思います。

저는 소비자가 환경 비용을 어느 정도 부담하는 것은 지속 가능한 사회를 실현하기 위해 반드시 필요하다고 생각합니다.

왜냐하면 상품의 가격에 환경 부담을 반영함으로써 소비자의 인식이 변화하기 때문입니다. '싸서 산다'라는 기준뿐만 아니라 환경에 미치는 영향을 고려해 선택하게 되면, 기업 측의 생산 체계도 더 투명하게 변화합니다.

물론 저소득층에 대한 배려 등은 필요하지만, 장기적으로는 환경 비용을 부담하는 것이 당연한 사회를 지향해야 한다고 생각합니다.

해설

습관, 행동의 변화를 나타내는 「ようになれば」는 '~게 되면'입니다.

동사 기본형 + ようになれば

예) 選ぶ → 選ぶようになれば

어휘

消費者 : 소비자

環境コスト : 환경 비용

ある程度 : 어느 정도

持続可能な社会 : 지속 가능한 사회

環境負荷 : 환경 부담

문제 1

あなたはどうしても行きた
いコンサートがあります
が、チケットの予約日には
授業があります。友達に電
話をかけ、自分のかわりに
チケットの予約をしてほし
いとお願いしてください。

꼭 가고 싶은 콘서트가 있는데, 티
켓 예매 날짜에 수업이 있습니다.
친구에게 전화를 걸어, 대신 티켓
예매를 해 달라고 부탁해 보세요.

답안

もしもし？今ちょっといい？実はさ、どうしても行きたいコ
ンサートがあるんだけど、チケットの予約日が授業と重なっ
ちゃって。その時間、どうしても外に出られなくて困ってる
んだ。もし時間あったら、私の代わりにチケット予約しても
らえないかな？予約はネットでするんだけど、そんなに難し
くないと思う。もちろん、後でお礼はちゃんとするよ。無理
だったら断ってもいいから、ちょっと考えてもらえると助
かる。

여보세요? 지금 잠깐 괜찮아? 사실 말이야, 내가 정말 가고 싶은 콘서트가 있는
데 티켓 예매 날짜가 수업이랑 겹쳐 버렸어. 그 시간에는 도저히 밖에 나갈 수가
없어서 좀 곤란해. 혹시 시간 괜찮으면 내 대신 티켓 예매 좀 해줄 수 있을까? 예
매는 인터넷으로 하는데 그렇게 어렵지는 않을 것 같아. 물론 나중에 사례도 제
대로 할게. 만약 힘들면 거절해도 되니까, 조금만 생각해 주면 정말 고마울 것
같아.

해설

1. ちゃって
「～てしまって」의 구어체(친한 말) 표현으로,
重なってしまって → 重なっちゃって
예상하지 못한 상황·곤란함·유감의 뉘앙스를 담아 말할 때 씁니다. 말하는 사
람이 원하지 않았던 결과가 생겼음을 자연스럽게 전달합니다. 친구와의 대화
에서 자주 쓰이며, 상황 설명을 부드럽게 만듭니다.
예) 食べてしまって → 食べちゃって
　　飲んでしまって → 飲んじゃって

2. てもらえないかな？
동사て형 + もらえないかな
상대에게 부탁을 아주 부드럽게 할 때 쓰는 표현.
「～てもらう」는 상대에게 어떤 행동을 해 달라고 부탁하다는 의미이고, 여기
에 「～ないかな」가 붙어 '가능하면 부탁할 수 있을까?'라는 완곡한 표현이 됩
니다.
한국어 의미에 가까운 표현: 「～해 줄 수 있을까?」「혹시 ～해 줄 수 있니?」

3. と助かる
동사 기본형 + と助かる
상대가 그렇게 해 주면 내가 정말로 도움이 된다는 뜻 → 부담을 주지 않으면서
부탁하는 표현.

예: 考えてもらえると助かる

한국어 의미에 가까운 표현:「그러면 정말 도움이 될 것 같아」

「해 주면 고맙겠어」

(어휘)

重(かさ)なる : 겹치다　　　Nの代(か)わりに : N 대신에 / N을 대신해서

お礼(れい)をする : 사례하다 / 보답하다　　　断(ことわ)る : 거절하다

(문제 2)

あなたは大学(だいがく)を卒業(そつぎょう)してか
ら、アメリカの大学院(だいがくいん)に進(しん)
学(がく)したいと考(かんが)えています。
アメリカで勉強(べんきょう)したことの
ある先輩(せんぱい)にアドバイスを求(もと)
めてください。

대학을 졸업한 후 미국 대학원에 진
학하고 싶다고 생각하고 있습니다.
미국에서 공부한 경험이 있는 선배
에게 조언을 구해 보세요.

(답안)

先輩(せんぱい)、今(いま)お時間(じかん)よろしいでしょうか。実(じっ)は、大学(だいがく)を卒業(そつぎょう)した
後(あと)に、アメリカの大学院(だいがくいん)へ進学(しんがく)したいと考(かんが)えています。先輩(せんぱい)
がアメリカで勉強(べんきょう)したことがあると伺(うかが)って、ぜひアドバイ
スをいただきたくて。特(とく)に、英語力(えいごりょく)について、どのくらいの
レベルが必要(ひつよう)か知(し)りたいんです。また、実際(じっさい)に留学(りゅうがく)してみて
大変(たいへん)だったことや、留学前(りゅうがくまえ)にやっておいてよかったことがあ
れば、ぜひ教(おし)えていただきたいです。お忙(いそが)しいところすみま
せんが、少(すこ)しでもお話(はなし)を聞(き)けたらうれしいです。

선배님, 지금 잠깐 시간 괜찮으실까요? 사실은 대학을 졸업한 후에 미국 대학원
으로 진학하고 싶다고 생각하고 있습니다. 선배님께서 미국에서 공부하신 경
험이 있으시다고 들어서, 꼭 조언을 부탁드리고 싶었습니다. 특히 영어 실력에
대해서 어느 정도 수준이 필요한지 알고 싶습니다. 또 실제로 유학을 해 보시면
서 힘들었던 점이나, 유학 전에 해 두어서 도움이 되었던 것이 있다면 꼭 알려주
시면 감사하겠습니다. 바쁘신데 죄송하지만, 잠깐이라도 말씀을 들을 수 있으
면 정말 기쁠 것 같습니다.

(해설)

선배이기 때문에 존댓말을 사용하는 것이 좋습니다.

또한 단어를 하나하나 정중하게 말하면 고득점으로 이어집니다.

時間(じかん) → お時間(じかん)　聞(き)く → 伺(うかが)う　もらいたい → いただきたい

話(はなし) → お話(はなし)

(어휘)

大学院(だいがくいん) : 대학원　　実際(じっさい)に : 실제로　　ぜひ : 꼭

あなたは上司と一緒に参加するつもりだった会議に寝坊で遅刻してしまいました。上司に電話をかけ、謝罪をし、会議に途中参加すべきか指示をもらってください。

상사와 함께 참석할 예정이었던 회의에 늦잠을 자서 지각해 버렸습니다. 상사에게 전화를 걸어 사과하고, 회의에 도중에라도 참석해야 하는지 지시를 받아 보세요.

답안

おはようございます。キムです。大変申し訳ありません。今朝、私の不注意で寝坊してしまい、会議に遅刻してしまいました。ご迷惑をおかけして、誠に申し訳ございません。現在、できるだけ早く会社へ向かっておりますが、途中からでも会議に参加すべきか、ご指示をいただけますでしょうか。お忙しいところ恐れ入りますが、ご指示をよろしくお願いいたします。

안녕하세요. 김입니다. 정말 죄송합니다.

오늘 아침, 저의 부주의로 늦잠을 자버려서 회의에 지각하게 되었습니다. 폐를 끼치게 되어 대단히 송구스럽습니다. 지금, 가능한 한 빠르게 회사로 가고 있습니다만, 도중이라도 회의에 참가해야 할지에 대해 지시를 해주시겠습니까? 바쁘신 와중에 정말 죄송합니다만, 지시를 부탁드립니다.

해설

완벽한 경어가 아니더라도, 자주 사용하는 동사는 경어의 존경어 또는 겸양어로 바꾸어 말하는 것이 좋습니다.

〜ています → 〜ております (겸양어)

もらう → いただく (겸양어)

또한, "お／ご"를 명사에 붙여서 정중하게 말하면 더욱 완성도가 높아집니다.

「ご迷惑」「ご指示」

어휘

大変 : 대단히　　今朝 : 오늘 아침　　誠に : 진심으로, 정말

[답안]

男 の子とそのお母さんがいます。男 の子はリビングのソファーで横になり、お菓子を食べながらくつろいでいます。とてもリラックスしている様子です。それを見つけたお母さんは、「早く宿 題をしなさい」と厳しい表 情で叱っています。
叱られた男 の子は机に座って、ノートを広げてペンを持ちました。その様子を後ろから見ていたお母さんは、息子が真面目に勉強を始めたと思い、安心した表情になります。息子を見ながら、優しく微笑んでいます。
お母さんは、一生 懸命、頑張っている息子を応援しようと考えて、台所で息子が大好きなパンケーキを焼き始めました。フライパンでパンケーキを焼きながら、お母さんは息子が喜ぶ顔を想像して、嬉しそうな様子です。
ところが、パンケーキを部屋に運んでいくと、お母さんは驚きました。男 の子は勉強じゃなくて、ノートに落書きをしていたのです。お母さんは騙されたと思って、また息子を叱りました。そして、これからはちゃんと確認しなきゃいけないと反省しました。

한 소년과 그의 어머니가 있습니다. 소년은 거실 소파에 누워 과자를 먹으면서 편히 쉬고 있습니다. 아주 편안해 보이는 모습입니다. 그것을 발견한 어머니는, "빨리 숙제 해라"라고 엄한 표정으로 꾸짖고 있습니다.
꾸중을 들은 소년은 책상에 앉아 노트를 펼치고 펜을 들었습니다. 그 모습을 뒤에서 지켜보던 어머니는, 아들이 진지하게 공부를 시작했다고 생각하며 안심한 표정을 지었습니다. 아들을 바라보며 다정하게 미소 짓고 있습니다.
어머니는 열심히 노력하는 아들을 응원하고자 부엌에서 아들이 가장 좋아하는 팬케이크를 굽기 시작했습니다. 프라이팬에 팬케이크를 굽는 동안, 어머니는 아들이 기뻐할 모습을 상상하며 매우 즐거워하는 모습입니다.
그러나 팬케이크를 방으로 가져가자, 어머니는 놀랐습니다. 소년은 공부를 하고 있는 것이 아니라, 노트에 낙서를 하고 있었던 것입니다. 어머니는 속았다고 생각하며 다시 아들을 꾸짖었습니다. 그리고 앞으로는 제대로 확인해야겠다고 반성했습니다.

[해설]

제7부 문제에서는 접속 표현을 사용하는 것이 매우 중요합니다. 문장과 문장을 연결하는 접속표현이 자연스럽게 사용되면, 듣는 사람이 장면을 이해하고 상상하기 쉬워집니다.
「それを見つけたお母さんは…」→ 이전 문장의 결과를 받아 다음 문장의 동작으로 이어지는 구조
「ところが、パンケーキを部屋に運んでいくと…」→ 예상치 못한 전개를 나타내는 접속 표현「ところが」로 이야기의 전환을 표현
「安心した表情になります」「嬉しそうな様子です」등 인물의 마음 상태나 상황을 묘사하고 있습니다.
이야기문에서는 이렇게 감정을 명확히 표현함으로써, 독자에게 장면이 전달되기 쉬워집니다.

[어휘]

横になる：누워 있다　　くつろぐ：편히 쉬다　　叱る：혼내다　　微笑む：미소 짓다　　台所：부엌
パンケーキ：팬케이크　　落書き：낙서　　騙される：속다　　反省：반성